Tomas Hoppes

홉스

Thomas
HOBBES

홉 스

zur Einführung

볼프강 케스팅 지음

전지선 옮김

인간사랑

서문

근대 정치철학은 고대와 중세의 정치철학적 배경으로부터 점차적으로 분리되면서 성립된 학문이 아니다. 근대 정치철학은 전통적 정치철학의 토대와 사유체계를 일거에 타파하고 정치라는 주제를 완전히 새로운 철학적 기초 위에 정립하고 새롭게 변화된 개념을 통해 인지하려 한 사상적 혁명의 성과이다. 근대 정치철학은 그 이전 시대가 문제삼지 않았던 새로운 문제점들을 제기하는 데 있어 참신한 고유의 논쟁전략을 개발하는 동시에 문제 조망 방식을 새롭게 규정하고 이에 따라 그 사상의 경로와 중심주제 및 정치철학이 지향하는 개념들을 표현했다.

근대 정치철학의 이 혁명적 토대를 쌓은 것이 바로 영국의 철학자 토마스 홉스의 업적이다. 홉스가 자신의 학문적·철학적 체계로 전통적인 정치철학의 사유의 토대를 근본적으로 뒤흔든 것과 자신의 저서, 특히 1651년에 발표된 매우 독창적 저서인 『리바이어던』(*Leviathan*)에 나타난 달라진 문제 제기 방식 및 새로운 유형의 논쟁형식들은 현실을 주시하면서도 변화에 민감하게 정치를 인지하는 동시에 놀라운 지적 환상을 접목시키는 홉스의 뛰어난 구성적 재능을 보여준다.

정치철학에 있어 패러다임의 전환은 정신사적으로 어떤 절대적 사건이 아니다. 그것은 다른 분야에 속하는 정신사의 변화들과 무관하지 않으며, 모든 실제 역사의 발달단계로부터 유발되어 일어난다. 그도 그럴 것이 정치철학은 복합적인 정치 현실 및 주변 학문들의 방법과 문제 제기, 그리고 철학이 그 자체로 가지는 원칙적이고 체계적인 자기 이해의 문제와 밀접한 관련을 맺고 있기 때문이다. 그리고 이와 같은 방편적 · 객관적 상호 의존성 때문에 실제 역사상의 획기적인 변화들과 철학 및 과학의 새로운 방편적 지향점은 정치철학이 제기하는 문제들과 해결의 전략에 언제나 영향을 미친다. 따라서 홉스가 정치철학을 혁명적으로 새롭게 정립한 것은 해당 시대의 형이상학과 과학의 변화뿐만 아니라, 근대의 태동시기에 사회와 정치적 공간 전반에 걸쳐 일어난 강력한 구조적 변화와 매우 밀접한 관계가 있다. 홉스의 정치철학은 새로운 과학적 사유 스타일로부터 깊은 영향을 받았으며, 그 인식이론과 방법론상의 기초는 일관적으로 근대 수학적 자연과학의 방편적 개념들과 이상적 엄밀성에 의해 규정되었다. 홉스 철학의 개념형식, 문제 제기 방식, 그리고 그것이 시사하는 교훈들 속에는 당시 증가하던 시민계급 사회의 변화된 모습들이 뚜렷하게 반영되어 있으며, 팽창하고 있던 경제적·사회적 그리고 정치적 근대화 과정들이 이미 강하게 묘사되어 있다. 근대화 과정을 예증하는 프로그램들이 시사하는 것은 통합을 중재해야 하는 절대적·실천적 진리가 종교적 파벌로 야기된 시민전쟁의 그늘에 가려, 개별적 진리를 추구하는 여러 이데올로기와 살벌하게 경쟁하게 되었다는 사실이다.

토마스 홉스는 근대 정치철학의 창시자이다. 그는 정치적 근대성에 대한 철학적 사유의 형식을 제시했다. 홉스가 완성한, 개인주의에 바탕을 둔 계약 이론적 국가 권력의 정당화는 오늘날까지도 정치철학에 있어 법제화 이론의 지배적인 모델이 되고 있다. 또한 홉스가 논리적으로 일관되게 연계시키고 있는 자연상태와 계약에 관한 토대들은 오늘날까지도 정치철학 및 법철학, 도덕철학이 제기하는 정당화 이론의 척도가 되고 있다. 홉스의 명저 『리바이어던』이 출간된 지 350년의 세월이 지났음에도 불구하고 그의 정치철학은 우리가 정치적이면서 철학적인 자기 이해의 문제를 해석학적으로 다루는 데 여전히 유용하다. 홉스는 철저한 사유체계를 바탕으로 근대의 사회적·경제적 그리고 정치적으로 새로운 논제들을 처음부터 분명하게 파악하고 있었는데, 이 새로운 논제는 근대성의 특징인 탈환상화를 정치질서와 법제화 이론으로 이성적으로 함축하여 개진한 것이기 때문에 홉스가 제기했던 문제들은 오늘날 우리의 문제로 간주될 수 있다. 그리고 홉스가 제시한 대안들이 사회 및 정치적으로 새로워진 여건에 참신하게 대응하고 근대성에 적합했으며, 그 어떤 형태의 전통적 질서 모델이나 법제화의 모델로 복귀하는 것도 거부했기 때문에 우리는 오늘날에도 홉스가 전개한 이론에 따라 우리의 해법을 명문화할 수 있다.

그리고 이제 홉스 철학에는 근대의 특수한 철학적 성찰을 위한 기초적 형식요소들이 전개되어 있으므로 정치적 근대에 대한 철학적 성찰의 형식을 꾸준히 비판하고 있는 사람들에게 여전히 근본적인 도전장을 내놓고 있다고 볼 수 있다.

홉스의 정치철학이 남긴 그림자는 따라서 길고도 넓다 : 그 그림자는 현재에 이르기까지 뻗치는 것은 물론이며, 근대성을 인정하는 홉스로부터 칸트에 이르는 고전적 근대 정치철학과 맥을 같이 하는 자유주의(Liberalismus)라는 정치철학 및 근대성과 개방주의를 비판하는 신아리스토텔레스적 · 신루소적 그리고 신헤겔적인 공동체주의(Kommunitarismus)라는 철학에 이르기까지 똑같은 비중으로 걸쳐 있다.

정신사적으로 이렇게 간략하게 자리매김해 보면 홉스의 정치철학을 만족스럽게 이해할 수 있기 위해서는 세 가지가 요구됨을 알 수 있다. 첫째는, 인류의 전체 생활양식이 근대화되는 과정에 즈음하여 구식으로 간주되어야 했으며 홉스의 혁명적인 근대 정치철학에 의해 밀려난 전통적 정치철학에 대해 최소한의 간결한 초상화를 그려볼 필요가 있다. 그와 같은 스케치는 홉스 철학의 뚜렷한 윤곽을 드러내는 대비 효과적 배경화면을 제공하게 될 것이며, 그 결과 홉스 철학의 신선함은 보다 분명하게 전면에 드러날 수 있을 것이다. 두 번째로는, 토마스 홉스의 정치철학에 관한 비판적 묘사가 제기되어야 하는데, 이 비판적 묘사는 홉스 정치철학의 방편적이고 인식 이론적인 토대를 두루 확장시키고 홉스 철학의 기초적인 계획안과 중요한 교훈들을 되짚어 보며, 무엇보다 홉스 철학의 중심적인 논증과정을 재구성하고 평가하는 데 일조할 것이다. 마지막으로 세 번째로는, 홉스 정치철학의 영향사적 측면이 간단히 조망되어야 하며, 오늘날의 정치철학적 논쟁에서 차지하는 홉스의 역할이 묘사되어야 함은 물론, 그의 사상이 오늘날까지도 얼마나 유효한가에 관한 문제도 다루어져야 할 것이다.

위에 서술된 과제들은 홉스 철학의 입문서를 특별한 철학적 지식도, 홉스에 관한 광범위한 이론적 친숙함도 전제하지 않고 비교적 광범위한 독자층을 겨냥해 쓴다 하더라도 불가피하게 다루어져야 할 내용들이다. 그리하여 이 책의 제

Ⅰ장, 들어가는 말은 크게 세 부분으로 나뉘어져 있다. 우선 아리스토텔레스의 정치이론과 기독교에서 말하는 자연법(Naturrecht)이 최대한 압축적으로 묘사될 것이며, 이로써 홉스 철학의 등장으로 권위를 상실한 전통적인 정치적 사유의 계열적 형식들을 소개하게 될 것이다(Ⅰ.1). 그런 다음 마키아벨리와 홉스의 관계를 추적하여 두 사람을 간단히 대비시킴으로써 마키아벨리의 정치적 사유가 이미 근대성에 대한 신호를 괄목할 만한 방식으로 증명하고 있기는 하지만 정치철학에 대한 새로운 개념 규정은 홉스에 와서 비로소 이루어졌다는 점이 명시될 것이다(Ⅰ.2). 들어가는 말 마무리에서는 1651년에 나온—제목을 동판에 새겨 유명한—『리바이어던』의 초판을 개관하는 범위에서 홉스의 정치철학에 관한 몇몇 기초 사항들을 미리 소개하는 방식으로 열거할 것이다(Ⅰ.3).

이 입문서의 본문 제Ⅱ장은 홉스 철학의 이론적 토대와 방법론적 · 인식론적인 기초를 소개하고 철학자 홉스의 사유체계를 밝히며(Ⅱ.1), 또 다른 한편으로는, 개인주의에 입각한 홉스식 인류학과 이와 밀접하게 연계되어 있는 그의 사회이론 및 도덕론에 대한 분석을 제공할 것이다(Ⅱ.2). 필자의 개인적 관심은 홉스가 근대 정치철학을 체계적인 토론의 장으로 끌어들이며 도입한 계약에 관한 논쟁과 자연상태에 대한 이해와 계약의 개념, 그리고 절대주의 국가를 논쟁적 논리에 따라 연계시키고 있는 홉스의 입장을 상술하여 재구성하는 것이다. 이 책의 도입부에도 홉스 철학의 내용은 그 논증-토론의 요구에 따라 진지하게 묘사되어야 한다. 그러한 묘사는 사유결과를 되풀이하여 설명하는 것에 그치거나 사유의 대상을 모호한 해석적 실마리로 흐리게 해서도 안 되며, 오로지 철학적 논쟁의 특징을 되새기는 방식으로 추적해야 할 것이다(Ⅱ. 3).

이 책의 제Ⅲ장은 홉스 철학의 영향사를 개관하는 데 할애될 것이며, 이때 두 가지의 커다란 수용유형이 구분될 것이다. 소위 »백색의« 홉스-수용 태도라는 것이 있는데, 이 태도는 근대 정치철학의 내재적 발달의 테두리에서 영향력을 미치기 시작하여 오늘날 자유주의(Liberalismus)라는 정치철학을 새롭게 형식화하려는 노력을 통해 고도의 체계를 갖추었다는 인상을 주고 있다. 반면 »흑색의« 홉스-수용 태도는 개방주의를 단호하게 비판하고 국가주의를 옹호하며 위대한 질서정치에 대한 관심으로부터 고무되어 예외상태 및 결정주의(Dezisionismus), 그리고 질서유지의 개념에 이론적으로 뿐만 아니라 실용적-정치적 의미를 부여하는 입장인데, 가장 영향력이 큰 대표자로서 칼 슈미트(Carl Schmitt)를 들 수 있다.

역자 서문

이 책은 독일 Junius 출판사의 개론서 시리즈 가운데 *Thomas Hobbes zur Einführung*(1992)을 번역한 것이다. 1651년에 출간된 홉스의 대표작 『리바이어던』 및 17세기 영국의 시민전쟁을 체험한 홉스를 다룬, 1992년에 출판된 책을 2005년에 번역하는 일은 최소한 『리바이어던』과 역자 간의 시간적 거리를 거슬러 올라가 이미 자명하다고 믿고 있는 현상의 기원을 생각해 보는 작업이었다. 국가의 형성과정과 그 형성 근거에 관한 홉스의 추적은 자연상태라고 가정된 국가 형성 이전의 상태를, 인간이 자기 유지라는 목적을 위해 이성적 합의를 통해 인위적 기구를 도출함으로써 극복하려고 했다는 입장으로 이어진다. 홉스의 정치철학은 국가라는 거인에 합의한 인간의 이성에 대한 과학적 해부이며, 완전한 평화와 인류의 공존을 꿈꾸던 한 이상주의자가 내놓은 대안이다.

번역작업을 통해 역자는 홉스와 그를 다룬 이 책의 저자 케스팅, 그리고 역자 자신이 어느 순간 끊임없이 삼자대면을 하고 있다는 느낌을 받았다. 17세기의 인물이 21세기의 역자에게 국가 형성과정의 배경과 근거를 설명할 때 21세기 사람은 상대방과 자신 사이에 이미 역사적으로 축적되어 있는 정보들을 배제하려고 했다. 다행히 케스팅이 있어 때로는 21세기의 역자를 이해시키고 때로는 17세기 인물의 입장을 알기 쉽게 전달해 주었다. 다만 17세기의 인물이 21세기 사람과 직접 소통할 수 없다는 것이 아쉽지만 뭐 어떠한가? 21세기 사람의 생각에는 17세기 인물의 생각도 녹아 있지 않은가? 그런 면에서 고전을 읽고 이해하는 일은 결코 일방적 가르침이 아니며, 오늘날의 우리를 더 잘 이해하기 위함이라는 생각이 든다. 이제 역자는 자리에서 물러나 이 즐거운 삼자대면의 기회를 독자에게 주고 싶다. 즐겁고 유익하기를 바라면서…

번역이 완성되기까지 무한한 인내심으로 기다려 주신 인간사랑 편집부 여러분께 진심으로 감사드린다.

감사해야 할 사람들에게 감사하면서 살아야겠다는 생각으로 여러 사람의 이름을 마음 속으로 불러보면서…

2006년 3월

전지선

Thomas HOBBES zur Einführung

차 례

I

들어가는 말

1. 아리스토텔레스의 정치이론과 자연법

아리스토텔레스의 정치론은 고대 유럽사회의 인간이 사회 및 정치적으로 맺고 있는 관계를 이해하는 데 중요한 영향을 끼쳤다. 기원전 4세기 후반 아리스토텔레스가 전개한 인간의 정치적 본성에 관한 이론, 그리고 가정(oikos)과 도시국가(polis)의 차이점 및 여러 가지 사회형태와 통치양식, 그리고 올바르든 정치적으로 오도된 것이든 여기에서 얻어진 교훈들은 전체 고대사회와 중세사회에 있어 인간 전반과 또 인간의 본성을 다루는 정통철학으로 간주되었다. 서유럽의 경제적 · 정치적 근대화 과정으로부터 고립되어 사회 · 정치적으로 뒤쳐져 있던 독일에서는 아리스토텔레스의 정치학이 심지어 18세기 말, 그러니까 칸트의 법철학 및 도덕철학이 확산되기 전까지도 철학과 과학의 사회적 · 정치적 자기 이해를 위한 의심의 여지가 없는 기본 토대로 간주되었다.

»Anthropos zoon politikon physei estin«[1]—인간은 태생적으로 정치적 생명체이다 : 이 기본 명제는 아리스토텔레스식의 정치이론을 핵심적으로 표현하고 있다. 전통적 정치학은 정치적 생명체(*bios politikos*), 정치적 존재형태 그리고 시민사회(*koinonia politike*)에서의 시민생활을 인간의 본성에 맞는 유일한 생활양식으로 간주했다. 인간은 태어날 때부터 시민으로 자리매김되었다. 인간의 존재는 오로지 활동하는 도시국가에서의 삶, 즉 공동 이익을 추구하는 집단적 관심 속에서 그 가치가 규정될 수 있었다. 공동의 정치적 활동에 참여하는 것만이 시민 개개인의 인간적 · 규범적 그리고 개인적 실현을 가능하도록 했다. 단순한 생존을 위해서든 개인의 자아 유지를 위해서든 인간은 누구나 타인과 더불어 사는 공동체를 가져야 하며, 인간 삶의 밑바탕을 이루는 기저도 이 공동체적 결속력이다. 그러나 아리스토텔레스의 정치이론은 인간의 자아(自我) 유지의 관점에서 성립되지 않았기 때문에 정치적 인간의 실존적 필연성을 역설하는 어떠한 증거도 제

시하지 못한다. 아리스토텔레스의 정치학이 이해하는 정치란 인간의 본성을 실현하는 작업으로서, 이에 따르면 시민사회야말로 개인의 자아 유지를 독려하는 사회공동체의 모든 특징을 초월하며, 따라서 인간의 실존 및 공존을 보장하는 일에 안주하지 않는다. 시민사회는 오로지 인간 사회의 규범적 질서를 따르는 소위 선하고 행복한 삶을 보장하는 모든 정치적 생활태도가 안주할 수 있는 곳이다. 역사적으로 살펴볼 때 정치적 질서란 오로지 인간의 생존을 위해 형성된 것이지만, 본질 인식을 통해 파악된 결론에 따르면 그 정치적 질서란 것도 »도덕적으로« 훌륭하고 완전한 삶[2]을 위해 존재하는 것으로 보아야 한다. 개인이라 하더라도 인간은 이미 정치적 생명체로서 그가 속해 있는 정치공동체와 스스로를 무관하다고 인식할 수 없으며, 자신에게 주어지는 운명과도 같은 삶의 과제를 해결해 나갈 때 시민으로서 가장 완전한 형태의 인간적 실존을 발견할 수 있다는 점에서 도시국가(polis)는 존재론적 의미에서 뿐만 아니라 도덕적인 의미에서도 개인보다 우위를 차지하며, 이 폴리스는 아리스토텔레스가 표현한 것처럼 »태생적이며 개인보다 더 원래적인 것«[3]이다.

아리스토텔레스식 정치이론은 정치적 삶을 개인적 세계와 경제적 세계로 엄격하게 구분한다. 도시, 공개적 성격,

일반적 성격으로서의 *polis*와 가정, 사적인 성격, 특수성으로서의 *oikos*는 단순히 서로 대립적 관계를 이루는 개념이 아니다. Oikos에 해당되는 범주들은 polis에 적용되지 않는다. 반대로 도시국가를 강압적으로 oikos의 범주에 종속시키려 한다면 개별 가정에서 이루어지는 통치양식이 도시국가의 통제양식으로 전이되어 정치는 경제적 관심으로만 가득 차게 될 것이고, 정계가 쉽게 부패할 수 있는 소지가 있다. 아리스토텔레스의 정치론은 oikos에 해당하는 범주들이 정치적 세계로 침투하거나 전이되는 것을 정치가 몰락하는 확실한 전조로 간주했다. 개별 가정에나 해당하는 통치관계, 즉 아버지와 자식 간에 존재하는 부권적 관계나 결혼으로 이루어지는 부부의 관계, 주인과 노예 사이에 성립되는 일방적 지배관계 등은 불평등한 사람들 사이에 이루어지는 불균형적 관계이다. 그러나 정치의 세계에서 통용되고 규정되는 것은 평등한 사람들 사이에 이루어지는 통치관계이다. Oikos와 Polis라는 개념 사이에 내재하는 이와 같은 차이점이 무시되어서는 안 된다. 정치적 지배권력은 부권적 관계나 일방적 지배관계를 모델로 하여 조직되어서는 안 된다. Oikos의 구조에 나타나는 그와 같은 관계의 모델이 정치적 영역에 옮겨져 뿌리내려 그 결과 형성된 지배조직은 일반 사람들로부터 그들 본연의 임무를 충실히 완수하며 살아가는 시민의 권리를 빼앗아 그들을 자연적 순리에 역행하는 존재로 전락시킬 위험이 있다. 정치라는 현상 전반을 이처럼 아리스토텔레스적 입장에서 고찰하면 국가와 시민에 대한 홉스의 생각은 완전히 비정치적인 것으로 비쳐진다. 홉스가 의미하는 시민상태는 국가의 보호와 시민의 복종이 교환되는 것을 기초로 이루어지며, 시민에 의한 정치적 결정의 가능성은 완전히 차단되어 있다. 아리스토텔레스가 의미하는 시민은 홉스가 의미하는 국가에서 어떠한 시민권도 가질 수 없는데, 그것은 『리바이어던』(*Leviathan*)에 어떠한 시민권도 허용되어 있지 않기 때문이다.

전통적 정치학의 중심 과제는 언제나 정치의 내용적 질에 관한 문제였으며, 일반 대중의 공간을 조직화하는 지배권력에 관한 문제였지 결코 지배권력 자체의 타당성에 관한 문제가 아니었다. 일반 사람들은 언제나 정치적 생명체로 간주되어 정치적 공동체와 결부되어 파악되곤 했기 때문에 정치권력이 그들 앞에 우선 정당화되었음에도 불구하고 일반 시민들 자체가 중요한 요소로 다루어진 적은 결코 없었다. 근대 정치철학은 정치적 공동체를 형성하기 이전의 시민상태를 연구하는 인류학으로부터 발전하여 비정치적 생명체였던 인류가 지배권력을 통해 조직화된 사회형태에 적응해 가는 변화의 과정을 추적하는 것을 연구의 기본 과제로 삼는다. 그리고 홉스가 전개한 근대 정치철학의 기본 과제는 이 변화의 과정과 불가피하게 맞물려 있는 시민의 자유권 구속이라는 문제를 어느 정도까지 정당화할 수 있는가라는 문제, 즉 통치권력 자체의 정당화에 관한 문제이다. 반면 아리스토텔레스의 정치관은 인류를 이미 원래부터 사회적 · 정치적 맥락에서 규정하고 있으며, 정치적 세계의 윤리에 관한 문제와 통치기구의 도덕적 자질에 관한 문제만을 다루고 있다.

이 문제에 답하기 위해 아리스토텔레스는 소위 헌법 유형론을 전개하면서 선한 헌법과 악한 헌법을 구분했다. 헌법을 이와 같이 구분하는 기준은 정치적 기준으로서 Polis와 Oikos의 차이를 말한다. 선한 헌법은 평등과 공익추구 그리고 시민 우호적 성격이라는 개념들로 특징지워질 수 있는 반면, 악한 헌법은 공동체를 와해시키고 모든 시민성을 파괴하며, 무원칙이 법을 대신하며 부분 집단의 이익을 추구하기 위해 권력을 남용한다. 선한 헌법은 정치적 헌법으로서 시민성이 발현될 수 있도록 하는 헌법이다. 악한 헌법은 정치적 헌법이 아니라 가부장적 공동체의 지배구조를 모방하고 Oikos에서 전형적으로 나타나는 부분 집단의 이익이 관철되도록 하는 일에 매진한다. 정치적 악의 화신, 즉 정치적으로 가장 극악무도한 것(*summum malum*)은 바로 폭정이다. 폭군은 전통적 정치학에서도 정치적으로 받아들일 수 없는 기형으로 취급한다. 폭군은 oikos의 독재자로서 polis를 자신이 다스리는 집으로 변형시키고 시민을 자신이 마음대로 할 수 있는 하인이나 재산쯤으로 생각한다. 폭군에 저항하고 모든 수단을 동원해 폭군으로부터 벗어나려고 하는 행위는 전적으로 타당할 뿐만 아니라 도덕적으로도 아무 문제 없으며 시민공동체에 기여하는 일이다. 아리스토텔레스식의 정치론은 시저가 아니라 브루투스의 편에 서 있다.

홉스의 정치이론은 이와 반대로 철저히 시저를 신봉하는 입장이다. 홉스에서 출발한 근대 정치철학에 있어 폭군은 더 이상 정치적 해악이 아니라 질서가 무너진 무정부상태이다. 홉스는 아리스토텔레스의 정치학이 규정하고 있는 선한 통치력과 악한 통치력이라는 의례적 대비를 무정부상태와 지배권력에 의한 질서라는 근본적 대비로 대치했다. 이로써 악의 정점(*summum malum*)이라고 정의되던 폭군은 비교적 완화된 해악으로 평가되었는데, 이것은 물론 국가의 통치권에 대한 보편적 합법화 이론을 뛰어넘어 국가의 통치권 행사에 대한 방식을 서로 구분해서 의례적으로 판단하는 정치윤리가 마련될 수 있을 때 한한다. 홉스 정치철학의 과격한 입장은 폭군의 개념에 대한 학술적 설명을 더 이상 허용하지 않는다는 사실에 있다. 홉스에 있어 폭군이라는 개념은 시민전쟁이 초래한 새로운 어휘를 고발하는 정도로 이해되었으며, 이것은 지식인이 사용하는 개념으로서 통치자가 일단 폭군으로 표현되면 이것은 객관적으로 그의 정부에 대해 아무 것도 진술하지 않으며 다만 정치적으로 지탄받을 비판자의 의도를 환히 비추어줄 뿐이다. 브루투스는 홉스에 의해 국가의 적(敵)으로 선고되었다. 홉스는 고전 정치학의 저항 이론을 »폭군공포증(*Tyrannophobie*) 또는 엄격한 정부에 대한 두려움«이라는 정치적으로 위험한 병을 확산시켜 »반란을 조장하는 이론«으로 간주했다. 홉스는 또 »고대 로마와 그리스의 정치적 · 역사적 문헌들«을 읽어 정치적으로 중독되는 것은 »미친 개에게 물리는 일«[4]과 비교될 수 있다고 말하면서 이 문헌들을 독이 든 장롱에 넣고 잠가버리라고 충고하고 있다.

기존의 고전 정치학은 윤리학의 한 분과로서 선하고 올바른 삶에 관한 이론이다. 아리스토텔레스의 정치학은 개인이 정치와 무관하게 선하고 올바른 삶을 꾸려나갈 수 있다고 생각하지 않는다. 칸트처럼 사회적 고려와 조직적 관점을 배제한 채 강한 신념의 내적 본질을 확립하고 도덕적 가치만을 양심이 부여하는 순수성에 따라 규정하는 도덕철학은 아리스토텔레스 정치이론의 윤리 개념과 정면으로 대립되어 있다. 예절과 법 그리고 성격형성은 아리스토텔레스에 있어 서로 분리될 수 없는 개념들이다. 근대에서 나타나는 적법성 및 윤리성을 의심하고 논쟁하는 장치에 대해 아리스토텔레스는 관심이 없었다. 고전 정치의 공화주의(*Republikanismus*)에서는 개인적이고 윤리적인 삶과 공동체의 이익이 서로 동일한 목표를 추구한다. 개인의 고유한 영혼의 신성성을 국가(*polis*)의 신성함과 분리시켜 추구하거나 공동체의 정치적 운명보다 소중하다고 여기는 태도는 고전 정치의 어떤 정치가나 공화주의를 표방하는 사람 그 누구에게서도 찾아볼 수 없었다. 모든 개인이 스스로를 공동체와 대립시켜 생각하지 않았고, 자신의 이성과 양심을 윤리와 풍속 그리고 평범한 일상생활의 정서와 사회기구가 요구하는 방식에 맞추었다. 아리스토텔레스의 정치론에 의하면 개인의 경제적 이익에 대해 보편적인 것 이상을 요구하지 않았을 뿐만 아니라, 개인은 정치적 인간으로서 어디까지나 공동체의 일원이다. 개인은 공동체에 참여하는 것에 의해 그 본질이 정의되고 공동체 안에서 정치적 삶, 즉 공동체의 실험장에 적극적으로 참여함으로써 자아를 실현한다. 이러한 정치적 삶은 공동체의 이익에 기여하는 삶이며, 경제적 관심에 의해 그 가치가 손상되지 않는다. 이와 같은 정치론에서 시민은 경제활동을 하는 사람도 부르주아도 아니다. 이때의 시민은 또한 오직 자신의 사업적 이익에만 관심을 가지면서 이윤이 적다고 판단될 때 권력에 의지해 사업조건을 유리하게 만들기 위해 정치에 관심을 가지는 사람도 아니다.

이와 같은 의미의 시민을 경제적 인간(*homo oeconomicus*)과 동일시할 수 없는 것과 마찬가지로 이때의 국가(*polis*)도 근대국가와 동일시될 수 없다. 폴리스는 근대적 개념으로 국가나 공동체를 의미하지 않는다. 폴리스는 구성원 전체의 올바른 삶을 위해 형성된 공동체이다. 반면 근대적 개념의 국가나 공동체는, 아리스토텔레스식 정치론에서 해석학적 타당성을 얻은 사회가 와해되고 사회의 경제 재생산 구조가 변화되거나 자본주의적 생산관계가 형성되었을 때 비로소 형성될 수 있었던 보충적 시스템이다. 근대국가는 오로지 근대적 시장형태의 사회상과 연결시킬 때에만 이해될 수 있다. 시장형태의 사회와 시장을 감시하는 국가를 대비시키는 것은 고전 정치학과 가정 경제적 자급자족 경제학에서는 매우 생소한 일이다. 고전 정치학에서는 오직 가정과 국가, 생계수단을 확보하는 가정경제와 경제적 재생산구조와 무관하게 자신의 전생애를 공공의 일(*res publica*)에 헌신하는 자유와 평등의 정치적 사회만을 대비시킨다.

자유와 평등은 아리스토텔레스의 정치론에서 정치적으로 균일하게 양분된 가치도 아니며 인간의 보편적 권리를 묘사하는 술어도 아니다. 고대 유럽의 정치공동체는 지방분권적이었다. 형이상학적 특성상 이미 목적론이 추구하는 실존의 정치적·시민적 완성단계에 모든 사람들이 도달하는 것은 아니었다. 오히려 많은 사람들에게 정치적 참여는 그 한정되어 있는 규모 때문에 처음부터 봉쇄되었다. 아리스토텔레스 시대의 시민은 가장(家長)을 말하며, 가정경제라는 자급자족 단위의 지도자를 의미한다. 여성과 아이들, 경제적 피부양자, 노예와 하녀들은 전통적 시민사회(*koinonia politike*)에서 시민의 지위를 가지지 않으며 자유권과 평등권이 없는 사람들로 간주되었다. 아리스토텔레스의 정치이론은 시민계급에 속하지 않는 다수의 대중을 시민계급이 대표하는, 경직된 계급사회에 대한 개괄적 사유이다. 시민계급은 모든 면에서 공동체의 목표와 올바른 삶의 방식을 위해 무조건 인정된 지식에 기반을 두는 공인된 주권을 가지고 있었기 때문에 그들의 선한 삶을 위해 그들은 동등한 위치에 있지 않은 사람들도 포함하는 정치적 단위 공동체를 통합하는 데 핵심적 역할을 했다.

이와 반대로 홉스의 정치철학을 매개로 근대성이라는 특징 속에서 비로소 이해되기 시작한 근대 시민사회의 개념은 보편주의(*Universalismus*)에 가깝다. 근대 시민사회는 인권에 대한 엄격한 평등성과 시장의 균등효과를 기초로 한다. 목적론적인 목표 지향적 규범의 토대가 권리와 의무라는 보충적 개념을 지향하는 비존재론적 토대로 전환된 것은 인간의 실존에 대한 완벽한 최종 상태라는 개념을 더 이상 허용하지 않는다. 인권의 토대 위에서 정치는 더 이상 형이상학적 발달단계의 최종 목표에 도달하는 일에 기여할 수 없으며, 다만 인권사상에서 허용하는 개인의 자주권이 실현되고 자아의 실현이 완벽하게 보장될 수 있는 사회경제적 범위를 마련하는 데 기여할 수 있을 따름이다.

시민사회의 개인주의에 기초하는 근대의 정치공동체는 보편주의(*Universalismus*)의 성립과 더불어 형성되었다. 근대 정치공동체는 소수의 특권층이 가지고 있던 문화적 권력을 보편주의를 거치고 민주적인 토의를 거쳐 형성된 이성주의의 논리적 절차로 대체시켰다. 근대 시민사회의 자유 개념은 사실 추상적인 것으로서 모든 사람에게 동등한 자유를 의미한다. 정치공동체의 자유는 전통적 의미에서는 구체적이고 차등적인 것이었다. 이때의 자유라는 개념은 언제나 타인의 부자유라는 개념과 결부되어 나타났으며, 문화적 · 정치적으로 타인의 간섭을 받지 않는 것을 의미했다. 그리고 이때의 자유는 자유롭지 못한 다수에 대한 자유로운 소수의 사람들에 대해 쓰는 말이었다. 사회계약 이론에서 말하는, 엄격하게 균등한 계약사회는 시민사회에 기초하는 근대 정치공동체의 헌법을 토대로 형성된다. 그리고 이 헌법에 대한 구상이 최초로 설계된 곳이 바로 홉스의 정치철학이다.

아리스토텔레스의 정치학은 일종의 형이상학적 자연관에 기초한다. 정치적 동물(*zoon politikon*)에 대해 언급하고 있는 이때의 자연은 근대의 자연과학에서 말하는 자연이 아니다. 정치적 동물이 처한 자연은 현실을 바라보는 시각적 경험의 자연도 아니고 임의로 대상화시켜 가공할 수 있는 자연도 아니다. 이때의 자연은 목적론적으로 파악되어 생명체의 목적성을 포함하는 자연을 의미한다. 이 추상적 자연관에 의하면 모든 생명체는 처음부터 자신의 쓰임새와 운명, 권리를 규정하고 성공적 삶의 전개를 위한 목표구상을 포함하는 일종의 규범적 본성을 가지고 있다고 한다. 이 본성에 내재하는 목표구상을 실현하는 것이야말로 바람직한 삶이다. 이와 같은 목적론적 관점에서 삶이란 인간의 구체적 행위로부터 다만 단계적으로, 그리고 근대에 와서는 원칙적으로 구분되는 일종의 과정이 되었다. 인간의 본질에 맞는 정치적 자연이라는 관점에서 이것은 인간의 삶이 정치공동체 내에서만 그 본성에 맞게 영위될 수 있다는 것을 의미한다. 따라서 아리스토텔레스의 정치론에서 자연과 정치적 삶은 근본적인 형이상학적 자연 목적론에 의거하여 서로 얽혀 있으며 뗄 수 없이 연결되어 있다. 국가(*polis*)는 인간의 형이상학적 삶의 공간이다. 공동체 및 국가공동체의 관습과 이것을 지탱하는 조직의 형태는 그 자체가 인간이 자연을 목적론적으로 규정된 것으로 파악하는 것과 일치한다. 근대 정치철학에서 두드러지게 상반적 개념으로 나타나는 자연과 공동체에 대한 생각은 고전 정치학에서는 나타나지 않는다. 국가(*polis*)는 목적론적이고 과학적 접근이 시도되기 이전의 자연이라는 개념에 앞서 그 자체로 자연상태로 파악되었으며, 이미 충만된 자연상태로 이해되었다. 이와 반대로 공동체 및 정치적 세계는 물리적 자연관에 영향을 받은 근대 정치 사유형식에서 자연이라는 모든 이름에 대항하여 자연상태를 초월하여 구성되었다.

목적론적인 자연관은 스토아학파의 자연법 사상에도 이론적 기초를 제공했는데, 스토아학파의 자연법은 헬레니즘 시대에 형성된 것으로서 고대 그리스의 도시국가 문화의 몰락을 반영하며 공동체의 관습을 보편적인 우주관, 범우주적으로 적용되는 규범체계로 대체했다. 초기 스토아학파와 후기의 거의 모든 자연법 사상의 역사에서 드러나는 기본 요소는 키케로(*Cicero*)의 『공화국론』(*De re publica*)에 쓰여 있는 다음과 같은 자연법 서술에 잘 드러나 있다 : »진실한 법은 모든 사람에게 공평하고 항상 같은 상태로 영원히 유지되는 자연과 조화를 이루는 올바른 이성이다. 올바른 이성은 의무를 완수하도록 하며 악(惡)을 금지해 멀리한다 […] 이 법의 효력을 제한하는 것은 불경스러운 일이며, 어떤 것도 이 법을 취소하거나 폐지할 수 없다. 이 법은 신성불가침한 것이다. 어떤 위원회나 국민투표에 의해서도 이 법의 효력이 상실될 수 없으며 무효화될 수 없다. 이 법을 설명하는 사람도 해석하는 사람도 필요 없다 […] 이 법은 로마에서나 아테네에서나 지금이나 미래에나 동일하고, 모든 민족과 모든 시대에 대해 불변하고 영원한 것으로 인정될 것이다.≪[5]

스토아학파의 자연법도 정당한 통치권에 대한 이론이다. 스토아의 자연법은 적법한 공동체를 구성하기 위해 필요한 객관적으로 타당한 불변의 원칙들은 자연의 질서 속에 있으며, 의심의 여지없이 인간의 이성을 통해 알 수 있다고 가르친다. 자연법이란 곧 자연의 법을 의미하며, 가변적이고 때로는 불필요한, 인위적으로 만들어진 법과 대비된다. 이것은 또한 인간이 만든 모든 정치적 조직의 형태에 대한 불변의 메타 이해로 기능하고 시대를 초월하여 통용되는 강제적 전례로 작용하는 자연의 질서를 의미하기도 한다. 자연법에 대한 전통적 논의는 인간이 만든 모든 조직의 상위에서 지배하는 규범의 영역을 다루는, 법의 위계질서에 대한 개념을 환기시켰을 뿐만 아니라 자연법에 대한 논의를 통해 자연적인 것을 개별적 삶의 형태로 인정하는 기준인 감각적 차원 및 목적 관련성이 전개되었다. 자연법 철학 역시 정치적 공동체를 자연과 대립시켜 이해하지 않고 자연과 열정적으로 조화를 이루는 것으로 이해한다.

스토아의 자연법 사상은 기독교의 자연법 질서를 받아들였지만 기독교의 교리내용에 맞게 의미를 해석하여 결합시켰다. 그 결과 영원히 변하지 않는 우주질서는 신의 창조에 의해 변화한다. 이때 고대의 목적론적 형이상학의 우주론에 잠재해 있는 익명의 목적성, 규범성 그리고 감각 규정성이 초자연적인 신(神)의 행위로 환원되었으며, 신의 정당한 의지로 합일되었다.

2. 마키아벨리-토마스 홉스의 선구자?

관습 중심적인 아리스토텔레스의 정치이론과 규범 중심적인 스토아-기독교의 자연법 개념 사이에서 팽팽한 긴장관계를 유지하던 고대와 중세의 정치사상은 16세기에 마키아벨리에 의해, 그리고 또 17세기 중반 토마스 홉스에 의해 두 차례에 걸쳐 붕괴되었다.

마키아벨리의 저서에서 우리는 아리스토텔레스의 인간관을 새롭게 발견할 수 있고, 놀랍도록 근대적인 오늘날의 인간관도 발견하게 된다. 홉스의 정치학적 인간관은 무엇보다도 근대적이며 독립적인 존재론적으로서 어디에도 고정되어 있지 않으며, 반사회적이고 또 오직 자신만을 스스로 의지하는 자아 중심적 인간 및 비정치적이고 또 물질과 권력의 영향력을 최대화하려는 경제적 인간(*homo oeconomicus*)을 역사적으로 주제화하여 기술했다. 반면 마키아벨리가 말하는 인간의 자연적 본성은 경험적이고 심리학적인 개념으로 이루어져 있다. 마키아벨리의 인간관은 형이상학적이고 목적론적인 내포 의미와 무관하고, 여러 관점에서 볼 때 아리스토텔레스의 규범적 협동을 강조하는 인간관을 부정하는 일종의 심리학적 갈등 인류학이다. 마키아벨리의 자연에 대한 이해는 정치적 질서를 강압적으로 빼앗겨 감각과 이성이 마비된 근대적 자연의 특징을 명백하게 드러내고 있다. 마키아벨리가 볼 때 인간은 자신의 열망에 의해 움직여지도록 조정된 존재이고, 오직 자신의 욕망에 복종하는, 즉 충동에 의해 지배되는 존재에 지나지 않는다. 인간 욕망의 두드러진 특징으로서 내적 무한성과 정도를 모른다는 특징을 들 수 있다. 인간은 만족할 줄 모르는 존재이다. 인간의 욕구는 스스로에 대한 이해가 없으며 만족을 모른다. 넘침에 대한 자연스러운 집착과 좀더 많은 것을 소유하려는 기질이야말로 자연상태의 사회적 만족수단이 원천적으로 제한되어 있다는 관점에서 볼 때 사회적 손실의 근원적 이유가 되며, 더 나아가 살인적인 경쟁과 공격적 투쟁 및 방어전을 유발하는 원인이 된다. 인간 욕구의 역동성은 사회를 불안하게 만들고 긴장감이 팽배한 분위기로 만든다. 이러한 사회는 개개인의 영혼에 불안감을 심어줄 뿐이다. 인간은 그러한 사회 속에서 불만에 가득하게 되고 행복의 가능성을 잃어버리게 된다. 마키아벨리의 인간관이 갖는 이러한 근대적 견해는 홉스의 인간관에 나타나는 여러 요소들을 이미 내포하고 있다.[6]

아리스토텔레스의 정치적 인간(*zoon politikon*)관과 더불어 마키아벨리는 도시국가 폴리스의 관습을 정치적으로 규정하는 작업을 포기한다. 마키아벨리의 공리(*Principe*)에 나타난 내용에 따르면 사회의 이익과 선한 삶, 덕행과 정의가 정치의 주도이념을 형성하는 것이 아니라 자기 보존과 권력 상승만이 정치의 주도이념을 형성한다. 홉스는 바로 이와 같은 정치적 생존 프로그램을 자신의 자연상태 이론을 통해 인간의 보편적 행동모형으로 일반화시켰다. 마키아벨리의 저서에는 시민의 지혜 윤리학의 초기 형태가 가시적으로 드러나 있다. 그의 저서에 명시적으로 드러나 있는 합리성이라는 개념은 경제적 지혜와 도구를 사용하는 이성, 그리고 전략적 사고를 표현하는 개념이다. 마키아벨리의 이러한 사상 위에 홉스는 철학이 실질적으로 요구하는 근거자료와 설명을 덧붙였다. 마키아벨리에 있어 정치는 사회 공동의 실천적 특징을 완전히 상실했다. 이때의 정치는 다만 권력을 추구하는 자와 이미 권력을 잡은 자가 성공을 위해 실용적으로 구사하는 테크닉에 지나지 않으며, 정치적으로 자신을 드러내는 이론, 권력에 대한 전략적 이론에 지나지 않는다. 이로써 정치적 삶은 권력을 위해서라면 도덕적으로 아무런 가책도 느끼지 못하는 투쟁의 형태를 띠게 되었다.

물론 마키아벨리는 철학자가 아니라 정치 저술가이다. 그의 정치적 사상이 보여주는 근대적 성격은 아리스토텔레스를 따른 결과도 아니고 개혁적인 이론의 완성도 아니다. 마키아벨리의 사상은 그가 살았던 시대의 정치 · 경제적 상황이 만든 결과이며, 당시의 이탈리아, 특히 초기 무역자본주의로 인해 가치관의 변화를 겪고 있던 이탈리아 플로렌스 지방의 특수한 위기상황과 관계 있다. 정치에 관한 새로운 이론 및 참신한 문제 제기는 홉스에 와서야 비로소 이루어졌다. 홉스는 아리스토텔레스의 정치이론과 전통적 자연법 사상에 대해 철학적으로 종말을 고했다. 그는 갈릴레오와 데카르트의 분석적 방법을 정치학에 도입함으로써 체계적이고 근대적인 정치철학을 전개한 최초의 인물이다. 홉스의 정치철학은 모든 면에서 아리스토텔레스 이론에 대한 확실한 부정이다. 홉스는 협동의 인류학 대신 갈등의 인류학을, 목적론적 자연관 대신 인과적 메커니즘의 자연관을, 자연에 순응하는 이성 대신 도구적 · 전략적 합리성을, 그리고 자연과 정치의 합일성 대신 대립성을, 선한 삶의 이론 대신 자기 보존의 이론을 주장하며, 정치적 공동체를 자연의 목적으로 파악하지 않는, 영리하고 반사회적인 이기주의자가 국가를 최초의 자연과 공존하는 데 필요한 유용한 도구로 이해하는 입장을 옹호한다. 주어진 목적관계에 따라 결속되어서 정치적 공동체에 내던져져 있는 존재가 아니라 반사회적이고 비결속적인, 그리고 모든 자연의 질서와 우주 및 창조의 질서와 무관한, 따라서 오직 자신과 자신의 이성에 기초한 개인으로서 이해한다.

홉스의 정치철학은 근대적인 원자적 인간, 그리고 무엇보다도 어디에도 얽매이지 않고 절대적 독립성을 갖는 개인이라는 개념을 탄생시켰다. 그리고 이때의 개인은 익숙한 생활환경으로부터 매우 광범위한 존재의 특징을 지배하는 질서에 이르기까지 모든 것으로부터 일정한 거리를 유지하는 속에서만 공동체에 편입되므로 전통적 인간관에 대한 반대 모델로 파악될 수 있다. 홉스와 더불어 정치철학은 개인주의적 성향을 띠기 시작한다. 개별 인간은 광범위하고 본래적으로 초기의 공동체에 통합되는 것을 통해 존재, 가치, 의미를 더 이상 경험할 수 없게 되었으며, 반대로 공동체적 · 정치적 기관들이 다만 그 기능을 발휘함에 있어 개인의 관심사를 반영한다는 의미에서만, 그리고 이 기관들은 매우 쓸모 있으며 따라서 개인의 요구와 소망을 실현하는 데 바람직한 도구로 작용한다는 의미에서만 정당화될 수 있게 되었다. 이처럼 모든 사회 · 정치적 조직형태에 대한 엄격한 개인주의적 토대 마련은 이제 어떠한 사회윤리적 예민함도 허용하지 않게 되었다.

3. 『리바이어던』의 제목이 갖는 성격

홉스가 전개한 논쟁의 형식과 이론적 기초는 근대 정치철학적 사유에 전반적으로 많은 영향을 주었다. 홉스의 이론적 기초는 칸트 시대에 이르기까지 법과 국가 그리고 통치권에 대해 논의되던 내용의 기본 테두리를 형성하고 있다. 그리고 홉스의 이론은 정치철학에 관한 논의를 오늘날까지도 규정하고 있다. 근대 정치철학의 논증적 논리의 기본 구조는 자연상태–계약–국가/사회라는 3화음으로 구성되어 있다. 논증의 출발점은 자연상태라는 개념으로서, 이 개념은 인간의 공존능력을 법적 안전장치와 여타의 기관에 의한 행동 통제 및 기대 안정화가 부재하는 상황에서 관찰하며, 결론적으로는 언제나 모든 법적 · 규범적 강제기구들이 없다 하더라도 인간의 생존 위험성은 마찬가지이며, 무정부상태 및 무법

상황이 인간의 기본적 관심사를 방해한다는 동일한 결론에 이른다. 이러한 자연상태 이론은 국가의 필연성을 자연스럽게 인정하도록 만든다. 자연상태는 이제 사라져야 할 어떤 것이고, 법치적이고 사회적인 국가상태를 통해 대체되어져야 하는 어떤 것이 된다. 인간은 자기 보존이라는 동기에 의해 전적으로 국가라는 기구에 편입된다. 이것은 아리스토텔레스의 정치이론이 주장했던, 인간을 합목적적 자연으로부터 정치적 공동체로 내모는 입장이 더 이상 아니다. 자연상태에 대한 홉스의 이해는 인간이 자아를 유지하기 위해서는 국가 및 공동체로 편입되어야만 한다는 완전히 새로운 메시지를 전하고 있는데, 이때 국가 및 공동체는 공존을 보장하는 기능 이외에 어떤 덕목도 없으며, 집단적 선한 삶에 대한 본질적인 통합단위도 아니다.

자연상태는 인간이 다른 이들과 어떤 형태든 계약을 맺음으로써 사라지는데, 계약을 통해 인간은 상호성이라는 조건 때문에 개인의 자유를 제약당하며 자신의 판단에 따라 관심사를 쫓지만 입법을 시행하는 절대권력자의 권위에 스스로 철저히 복종하는 태도를 취한다. 이것이 바로 인간의 자기 보존이라는 요구로부터 권력 독점적인 근대국가가 필연적으로 탄생하는 과정이다. 이제 국가의 임무는 자연상태를 평정하고 평화로운 공존을 보장하며 행동을 규제하는 보편적 법제의 테두리에서 구성원 누구나 자신의 행복을 추구할 수 있도록 하는 공동체를 확고히 만드는 것이다. 자연상태를 평정해 가는 과정에 있는 국가공동체는 이익에 신중하고 개인의 용도를 축적해 가는 구성원 개개인의 공동체이다. 이것은 오늘날 근로시민이 처해 있는 개인적 · 시장형태적 관계와 같은 현대 자본주의 공동체의 모습이다. 국가의 성립에 관한 홉스의 이러한 생각은 국가가 성립될 수밖에 없었던 필연성에 관한 문제로서 오로지 국가공동체만이 인간의 자기보존 욕구를 완성해 줄 수 있었다는 것이다. 국가는 인간이 자신의 목적을 실현하기 위해 만들어낸 기구로서 목표를 실현하기 위해 훌륭한 수단이 되는 한 그 타당성을 얻는다. 국가는 인간의 의지와 지혜로부터 탄생한 작품이며, 일종의 기계이자 가공품이다. 홉스가 찾아낸 가공적 기계로서의 근대국가의 성격으로부터 아리스토텔레스의 정치공동체 개념보다 더 거리가 먼 입장이 어디 또 있을 수 있는가? 홉스 이후 고전적 정치관에서 말하는 인간 본성은 되돌아 갈 방향을 잃게 되었다.

아리스토텔레스 정치이론의 방법론적 · 존재론적 · 가치론적 우수성을 완전히 뒤집고 개인을 더 이상 주어진 집단 및 결속성 그리고 보편성에 통합되는 존재로서 이해하는 것이 아니라, 보편적인 것을 절대적 존재인 개인에 추가적으로 결합시키는 근대 정치철학의 개인주의적 성향은 혁명적인 합법화 이론의 성격을 갖게 되었다. 근대 정치철학은 그 역사적이고 구조적인 초기 단계에서 볼 때 통치권력을 정당화하는 철학으로 출발했다. 따라서 초기의 근대 정치철학은 아리스토텔레스의 정치관보다 훨씬 과격한 것 같은 인상을 주는데, 이는 아리스토텔레스의 이론은 통치유형들 사이의 질적 차이를 규명하려고 했을 뿐, 통치권력 자체에 대한 정당성 및 합법화의 문제는 전혀 다루고 있지 않기 때문이다. 근대 정치철학은 원칙적으로 정치권력에 관한 문제를 정당화할 필요를 느꼈으며, 이때의 정치권력은 오직 구성원 개개인의 동의를 바탕으로 이루어졌을 때에만 정당화될 수 있었다. 국가는 다만 개개인과 계약관계를 맺은 결과 형성된다. 정치권력을 이처럼 합의를 통해 정당화한 결과 정치영역은 개인의 사적인 의지와 관심사 및 이해관계 안으로 뿌리내리게 되었으며, 정치적 주권의 순수성과 고유성이 기본 바탕을 확고히 하지 못한 채 파생된 유효성만을 가지게 되었다. 자연, 신(神), 관습과 같은 전통적으로 그 권위의 정당성을 인정받아 온 개념들이 홉스 이후에는 무력화되었다. 홉스의 정당화 방법은 합의를 바탕으로 하는 숙고된 근대적 방법이다. 그의 정당화 방법은 계약에 관한 논거, 즉 당사자의 동의를 바탕으로 할 때에만 권력의 합법화와 구속력이 보장될 수 있다는 논거에서 제대로 발휘되고 있다. 계약에 관한 이와 같은 주장은 홉스로부터 칸트(Kant) 및 피히테(Fichte)에 이르는 정통 근대 정치철학뿐만 아니라 롤스(Rawls)와 스캔론(Scanlon) 그리고 고티에(Gauthier)에 이르는 오늘날의 계약이론의 방법론에 대해서도 논증적 뼈대를 제공하고 있다.

필자는 이제 대강의 정신사적 개관을 마무리하려고 한다. 우리는 위에서 아리스토텔레스 정치이론의 전통적 배경과 확연하게 구분되는 근대 정치철학에 대한 일반적인 개관과 기본 특징들을 소개했는데, 필자는 이를 통해 홉스 철학의 고유한 입장을 드러내려고 했다. 필자는 이제 1651년에 출간된 『리바이어던』(*Leviathan*) 초판의 그 유명한 예술적 표지를 관찰하는 것으로 시작하려고 한다. 이 표지는 『리바이어던』에 나오는 국가론에 대한 기본 명제를 회화적으로 묘사하고 있으며, 우리는 이 표지를 통해 책이 드러내고자 하는 논거와 개념들 그리고 가르침의 기본 노선을 개관할 수 있다. 표지는 우선 홉스가 생각한 평화국가인 리바이어던을 묘사하고 있으며, 평화 중재라는 홉스 정치철학의 기본 기능을 가시적으로 드러낼 뿐만 아니라 국가가 사회와 그 구성원들과 맺는 관계를 보여주고 있다. 『리바이어던』의 표지는 동시에 고도의 인상적 방법으로 근대적 개인에게 다가오는 이중적 실존형태도 개관하고 있는데, 공동체 안에 살고 있는 개인의 영역과 다른 시민과 함께 공동의 국가를 구성하여 정치적으로 살고 있는 시민으로서의 영역을 구분한 것이 그것이다. 후에 부르주아(*bourgeois*) 및 시민(*citoyen*)이라는 용어로 전개된 개념과 루소(Rousseau)와 마르크스(Marx)가 근대의 전형적 소외현상으로 비판한 내용이 이미 홉스의 이론에 드러나 있으며, 『리바이어던』의 표지에 회화적 상징을 통해 묘사되어 있다.

표지는 상하 두 부분으로 나뉘어져 있고, 아랫부분은 세로 방향으로 세 부분으로 나뉘어져 있다. 오른쪽과 왼쪽에 각각 다섯 개의 칸으로 이루어진 기둥이 있는데, 다섯 개의 칸은 전투 및 무기, 그리고 물리적 및 정신적 권력에 관한 상징들로서, 마주보고 있는 칸끼리 서로 대응된다. 왼쪽 기둥은 »검(劍)으로 하는 전쟁«과 같은 지상의 물리적 권력환경을 묘사하고 있는데, 맨 위에는 연기를 피워 보호막을 친 요새가 있고 그 아래에는 왕관, 다음 칸은 대포, 그 아래엔 깃발과 화승총, 대검 그리고 북이 그려져 있으며, 맨 마지막 칸에는 기병과 보병 간의 치열한 전투장면이 그려져 있다. 오른쪽 기둥은 정신적 지배권력을 나타내는 것으로서 »펜으로 하는 전쟁«을 묘사하고 있다.[7] 맨 위 칸에는 교회가, 다음 칸에는 주교의 모자가 그려져 있으며, 그 아래 칸에는 물리적인 무기에 상응하는 정신적 무기로서 교황에 의한 파문을 상징하는 그림이 있고, 이어지는 칸에는 무기의 형태를 하고 있으나 철학자가 논쟁의 상대방을 이기는 데 쓰고자 하는 도구를 묘사한 포크 모양의 장대가 있는데, 세 갈래로 나누어진 삼지창은 상대방을 찌르고 억지주장으로 상대방을 꼼짝 못하게 하는 스콜라철학의 구별논리(직접 – 간접 ; 영적 – 세속적 ; 자연적 – 의도적)로서 상대방의 공격을 피해가는 것을 상징한다. 맨 마지막 칸에는 가톨릭 공회의의 모습이 그려져 있다. 두 개의 기둥 사이에는 책 제목 *Leviathan or The Matter, Forme, and Power of A Common=Wealth Ecclesiasticall and Civil. By Thomas Hobbes of Malmesbvry. London. Printed for Andrew Crooke 1651*이 표기되어 있다.

상하 두 부분으로 나눈 표지의 윗부분에는 『리바이어던』을 상징적으로 묘사하는 유명한 회화적 그림이 있다. 거대한 남성으로 표현된 인간 형상이 평화로운 풍경 뒤에서 일어나 하늘로 솟아오른다. 이 거인은 머리에 왕관을 쓰고 있고 그림의 왼쪽, 즉 지상의 물리적 전쟁을 나타내는 기둥 바로 위에 지상의 권력을 상징하는 대검을 들고 있다. 그리고 오른쪽, 그러니까 정신적 권력을 나타내는 기둥 위에 그는 주교의 지팡이를 들고 있다. 대검과 주교의 지팡이는 텐트를 세웠을 때 양 측면의 모양으로 그려져 있는데, 이는 국가를 상징하는 것으로서 평화와 정의의 텐트로서 나라를 보호하도록 튼튼하게 펴져 있는 것 같다.[8] 거대한 군주형상의 몸은 여러 사람들로 만들어져 있으며, 해바라기가 태양을 향해 머리를 돌리듯 이 사람들은 자신의 군주가 움직이는 어느 방향으로도 얼굴을 돌릴 수 있다. 몸체를 구성하고 있는 사람들은 『리바이어던』을 비늘갑옷처럼 보호할 뿐만 아니라 동시에 리바이어던의 몸 자체이며, 그들의 움직임과 태도는 군주의 의지에 따라 아무 저항 없이 지배된다. 리바이어던의 그림자는 풍경 전체에 의해 떠받혀져 있다. 앞에는 커다란 교회가 있는 도시가 있고, 중간은 작은 마을과 성들로 채워진 시골 풍경이 채우고 있으며, 뒤에는 무역선이 오가는 바다가 있는데, 이러한 풍경 모두에 걸쳐 리바이어던의 그림자가 뻗혀 있다. 이것이 바로 평화의 그림자이다. 리바이어던은 물리적 전쟁 및 정신적 불안 모두에 종식을 가져올 수 있으며, 모든 권력을 가지고 있기 때문에 불화로 얼룩진 나라에 평화를 가져올 수 있다. 표지의 맨 위 가장자리에는 »Non est potestas Super Terram quae Comparetur ei. Iob. 41. 24« : 국가권력과 비교될 수 있는 폭력은 지상에는 없다는 성서 욥기의 구절이 인용되어 있다.

상층부분 표지에 하늘과 땅이 구분되어 있는 것처럼 묘사되어 있는 내용도 하늘을 덮고 있는 상징층위와 지상과 일치하는 현실층위로 나누어 이해할 수 있다. 표지 상층부는 이로써 국가와 공동체라는 근대의 전형적 대결구도를 개관할 수 있도록 해주며, 이 구도에 상응해서 국가적 시민과 공동체적 시민이라는 이중적인 개인의 실존양식도 개관하도록 해준다. 현실층위는 실제의 지리적 공동체 묘사를 통해 시대를 같이하는 풍경의 조각들로 채워져 있다. 현실층위 위에 둥근 아치를 만들어 감싸는 상징층위는 국가를 상징적으로 묘사한다. 홉스가 여기에서 왕정의 모습으로 묘사했으나 그의 사상적 논쟁을 거친 후 결코 왕정의 형식으로 조직되어서는 안 된다고 생각한 국가는 시민의 계약적 합의를 통해 형성된, 홉스가 주장한 정당화 이론의 논거에 대한 틀을 형성하는 상징적 합일체이다. 홉스에 따르면 시민은 국가를 실질적으로 대표하며, 권력자의 행위와 결정을 자신들의 그것이라고 인정하고 받아들여야 한다. 그러나 시민은 홉스국가철학의 중심사상에 나타나는 성찰을 통해 이해될 수 있는 상징적 · 정치적 실존 외에도 리바이어던 국가에 의해 영향력을 발휘하는 평화로운 공동체 속에서 자연적 삶을 영위할 수도 있다.

II

토마스 홉스의 철학사상

홉스는 국가론에 관한 자신의 대표작으로 『리바이어던』(*Leviathan*)을 꼽았다. 이보다 훨씬 덜 알려져 있긴 하지만 시민전쟁에 관한 홉스의 고전으로 『비히모스』(*Behemoth*)라는 제목의 책이 있다. 비히모스와 리바이어던은 모두 성경에 나오는 신화적인 야만국이다. 욥기의 설교에서 이 공포의 화신인 괴물들은 중요한 자리를 차지한다. 비히모스와 리바이어던은 요한계시록의 종말론에도 등장하며 탈무드의 전설에도 등장한다. 17세기에 영국에서 일어난 시민전쟁을 분석 · 묘사하면서 비히모스라는 이름을 붙인 것은 이해가 가고도 남는다. 왜냐하면 비히모스는 카오스와 공포의 괴물로서 무질서와 무법상태 및 폭동과 항거를 상징하는 인상적인 도구가 될 수 있기 때문이다. 홉스의 이와 같은 생각에 동조하여 프란쯔 노이만(Franz Neumann)은 1942년에 출간한 나치 사회주의에 관한 자신의 연구서에 역시 비히모스라는 제목을 붙였다.

평화를 조장하는 절대국가를 옹호하는 철학자가 시민전쟁과 무질서에 관한 자신의 정치적 대안에 대해 왜 공포의 화신인 괴물의 이름을 붙였는지, 그리고 방편적 사유와 명확한 개념정의를 주장하는 홉스와 같은 사람이 왜 의미상 언제나 모호한 신화적 전설을 책의 제목으로 채택했는지에 대해서는 오늘날까지도 명확하게 대답할 수 없다. 17세기 과학철학의 방법론에 심취한 철학자의 과학적 사고 이면에 신화적 수수께끼를 발견하고 이것을 암흑의 정치적 목적론을 펴는 도구로 이용한 것을 다양하게 해석하려는 시도는 매우 흥미로운 일이지만, 신화의 어두운 배경을 설명한 것을 제외하면 리바이어던의 상징성을 해명하고 논증적 재구성을 풍부하게 할 수 있는 새로운 이해의 지평은 아직 설득력 있게 시도되지 않았다. 리바이어던 신화의 열쇠를 통해 열려야 할 자물쇠가 아직 발견되지 않았으므로 신화적 배경의 의미도 밝혀지지 않았다. 결과적으로 우리는 철학적 이론에 접근하는 일반적인 방법을 취할 수밖에 없으며, 이 접근법은 핵심적인 논거의 바탕선을 신화의 내용에 맞춰 따라 그리거나 중요한 명제와 논거를 분석하고 비판하는 방식으로 이루어질 수밖에 없다.

1. 이론적 토대 : 방법, 인식, 과학

17세기는 과학과 철학의 연구 방법론이 통일을 이룬 세기였다. 수학의 공식에나 들어맞는 확실성을 수학적 대상과 구분되는 영역에 적용함으로써 수학적 인식의 예시적 방법과 근거제시의 방법이 인문학의 영역으로도 확장될 수 있다는 매력적인 생각에 사로잡힌 시기였다. 이와 같이 서로 다른 연구영역의 넘나들기는 아리스토텔레스와 스콜라철학의 전통에서는 다음과 같은 두 가지 이유에서 생각할 수 없었다. 우선 당시의 수학적 인식방법과 예증방법은 오직 비물질적인 분야에 한정되어 있었다. 자연적 움직임과 사건의 결과는 양으로 표현되지 않았으며, 다만 목적론적으로 구성된, 질적으로 평가될 수 있는 상태변화로만 인식되었다. 또 다른 한편으로, 연구대상에 따라 상대적이어야 한다는 인식의 명확성 및 정확성에 대한 주장이 당시의 방법론적 일원론에 막혀 봉쇄되어 있었다. 아리스토텔레스가 『니코마코스 윤리학』(*Nikomachische Ethik*)에서 지적했듯이, 논리학을 배운 청자가 기존의 선배 학자들에게 대상영역의 본질만이 허용할 수 있는 정확성과 확실성을 요구한다면 인간 인식의 확실성은 체계적으로 전달될 수 없고, 그때그때마다 다른 전문분야의 고유성에 따라 규정될 수밖에 없으며, 이렇게 되면 과학적 인식획득을 위한 적절한 통일적 방법을 통한 수학적 확실성은 일반화될 수 없다고 한다.

아리스토텔레스의 위와 같은 두 가지 입장 가운데 첫 번째 것은 이미 14세기에 수학적 자연과학의 시작과 더불어 메커니즘적 세계상이 가능해지면서 흔들리기 시작했으며, 이어서 갈릴레이, 뉴턴 그리고 데카르트에 의해 결정적으로 배척되었다. 두 번째 입장은 홉스에 이해 붕괴되었다. 홉스는 소위 기하학의 규범(mos geometricus), 즉 분석적이면서도 분해하고 결합하는 방법(resolutiv-kompositive Methode)을 윤리학과 정치철학에 도입하여 통용시킨 철학자이다. 데카르트의 시스템은 아직 불완전한 것으로서 그의 도덕은 임시방편적 성격을 띠며 방법론상의 연구가 이루어지지 않았기 때문에 비과학적인 일상의 보편도덕(common sense-moral)으로 남아 있었다. 홉스에 와서야 비로소 실질적인 철학의 과학화가 이루어졌으며, 인간 전반에 관한 사상이 동시대의 수학 및 과학에서 차용한 이상적 방법론과 결합됨으로써 자연과학이 이미 배척한 아리스토텔레스 이론은 윤리학과 정치학에서도 배제되었다.

홉스는 근대 의식으로부터 깊은 영향을 받았다. 홉스는 그가 새롭게 규정한 정치철학으로 당시의 과학적 철학의 정점에 있다고 믿었다. 그는 국가이론에 있어서의 갈릴레이(Galilei)였으며, 정치기구 및 정치운동 이론에 있어 하비(Harvey)와 같은 존재였다. 1655년에 출간된 『물체론』(*De Corpore*)의 서문에서 홉스는 수학적 자연과학이야말로 »새로운 사건«으로서 근본적으로는 »물리의 시대«를 연 갈릴레이의 덕택이라고 말하면서 »그러나 보다 광범위한 정도의 새로운 정치철학은 필자가 쓴 『시민론』(*De Cive*)이라는 제목의 책보다는 오래되지 않았다«[9]고 적었다. 홉스는 더 나아가 예전 윤리학자들의 수없이 많은 저서들은 모두 »과학적 문헌«(scripta scientifica)이 아니며, 진정한 의미의 철학, 과학적 서술이 아니라 단순한 »글말 문헌«(scripta verbifica)으로서 이야기의 나열에 지나지 않는다고 적었다. 결과적으로 실천철학의 역사에서는 어떠한 발전 및 진보도 없었다고 당시까지의 실천철학의 답보상태를 언급했다. 전통적 도덕철학 및 정치철학이 실패했다는 것을 보여주는 예로서 홉스는 여전히 지속되고 있던 인류의 비평화상태를 들었다. 홉스에 따르면 인간의 행동에 관한 법률 및 전쟁과 평화의 원인과 시민으로서의 삶의 규칙을 연구하는 평화이론이 당시의 철학에 결여되어 있었으며, 인류와 관련된 모든 일에 대해 크기관계나 움직이는 물체를 다루는 수학 및 과학처럼 믿을 수 있고 유용한 지식을 제공하는 이론이 결여되어 있었다. »기하학자들은 [⋯] 자기 분야에서 훌륭한 업적을 이루어냈다. 왜냐하면 인류의 삶에 유용한 모든 것은 별의 운동을 관찰하고 나라의 지리적 환경을 기술하고 시대를 구분, 기술하는 기하학의 산물이기 때문이며, 지난 야만의 세기를 오늘날과 구분하게 해주는 건축물의 아름다움 및 무기의 견고함 그리고 기계의 기적과 같은 거의 모든 것은 기하학 덕분이기 때문이다. 더 나아가 우리가 현재 물리학의 덕택이라 부르는 것들조차도 원래는 기하학에서 출발했다. 도덕철학이 기하학처럼 자신의 맡은 바 소임을 훌륭하게 완수했다 하더라도 인간의 노력과 땀 외에 현재 우리 삶의 행복을 위해 도덕철학이 얼마나 기여했는지 나는 알 수가 없다. 그것은 인간의 행위관계가 물체의 크기관계처럼 명확하게 인식될 수 있다면 인간은 옳고 그름에 대해 양적인 판단을 할 수 있게 되고 인류는 지속적인 평화를 누릴 수 있게 될 것이므로 인간의 탐욕과 공명심은 인류에게 위험스러운 것이 되지 않을 것이다. [⋯] 그러나 검(劍)으로 하는 전쟁 및 펜으로 하는 전쟁은 끝이 보이지 않으며, 옳음에 대한 인식 및 자연에 따르는 법률의 비중도 예전보다 높아지지 않았고, 이해 당사자의 권리가 사상가의 요구에 따라 주장되거나 동일한 행동이 어떤 사람으로부터는 칭찬을 받고 어떤 사람으로부터는 질책의 대상이 된다면 [···] 이 모든 것은 기존의 도덕철학이 진리 인식을 위한 노력에 아무 것도 기여하지 않았음을 보여주는 명백한 증거가 된다.«[10]

전쟁은 피할 수 있는 모든 악(惡)의 근원이며, 전쟁이 갖는 지배력은 인간이 평화이론을 간과하는 데 있다. 그리고 인간이 평화이론을 간과하는 것은 그 이론에 과학성을 부여하고 인식내용을 확증해 주는 방법을 알지 못하는 데 이유가 있다. 전쟁을 진지하게 원하는 사람은 아무도 없다. 왜냐하면 전쟁은 인간의 근본적 관심사뿐만 아니라 문명화된 인간의 관심사에도 모순되는 것이기 때문이다. 그럼에도 불구하고 전쟁이 앞으로도 계속 일어난다면 그것은 인간 스스로 어떻게 행동해야 할지 모르거나 진실로 자아를 유지하는 데 필요한 행동의 왕도 및 평화를 가능하게 하는 실천방안을 찾지 못했기 때문일 것이며, 또 다른 한편으로는 인간이 너무 쉽게 자신의 진정한 관심사를 망각하고 스스로를 해칠 준비가 되어 있기 때문일 것이다. »인간이 인위적으로 막을 수 있는 모든 불행과 손실의 근원은 전쟁, 그 가운데서도 시민전쟁이다. 시민전쟁은 살인과 폐허 그리고 물자부족을 초래한다.

전쟁은 사람이 그것을 원했기 때문에 일어나는 것이 아니다. 인간의 의지는 언제나 선한 것 또는 선해 보이는 것을 추구하는 경향이 있기 때문이다. 전쟁의 결과가 얼마나 참혹한지 모르는 것도 전쟁이 일어나는 이유가 될 수 없다. 왜냐하면 죽음과 기아가 커다란 재앙이라는 것을 모르는 사람이 어디 있는가? 시민전쟁의 원인은 오직 사람들이 전쟁과 평화의 원인이 무엇인지 모른다는 데 있다. 실제로 평화가 어떻게 고착되는지, 시민으로서의 삶을 위한 진정한 법률은 무엇인지 연구하는 사람은 소수에 지나지 않는다. 시민법률 및 그 원칙을 인식하는 것이 도덕철학의 과제이다. 도덕철학에 관한 명확하고 정확한 방법론이 확립되어 있지 않다는 것 외에 사람들이 전쟁과 평화의 원인에 대해 생각해 보지 않았다는 이유를 설명할 수 있는 방법이 있는가?≪[11] 사람들 사이에 일어나는 극단적 대결 및 전쟁은 악한 의지나 권력욕, 부당한 관계 및 사회적 불안 또는 물질적인 원인에 의해 유발되지 않는다. 그것은 다만 도덕철학 및 정치철학의 부재와 무능력에 기인한다.

인간의 의지를 일종의 이성의 기능으로 환원시킴으로써 감성이 아닌 이론 중심적 성격을 띠는 도덕철학의 전통적 지성주의적 입장은 홉스의 실천과학에 대한 확신과 그의 방법론적 이상주의에도 이어져 나타난다. 비평화상태 및 호전주의는 무질서하고 옳지 않은 방법에 의해 유도된 사고의 나쁜 결과이다. 반대로 인간에 대한 올바른 사유방법에 기여하는 것들은 평화적이다. 이것은 말 그대로의 뜻으로 이해되어야 한다. 다시 말해 평화는 학습될 수 있고 성취될 수 있는 어떤 것이다. 홉스는 자신의 정치철학을 평화이론을 위한 방법론이라고 이해했다. 반목하는 인간들 사이의 실질적 평화와 평화정착을 기대하는 것은 오직 방법론을 거친 학문에 의해서만 뒷받침될 수 있고, 실질적 평화에 대한 기대는 이론내적인 방법론에 따라 얻어진 인식에 대한 확신을 실제의 외적 안정과 정치적 순응상태로 변형시키려는 경향이 있다. 체계적인 방법론을 거쳐 논의된 평화이론으로부터 기대되는 전쟁 방지 효과라는 측면에서 홉스는 자신의 정치철학을 그 어떤 유용한 새로운 발명품과도 견줄 수 있는, 축복받을 만한 이론적 성과라고 자찬해도 좋을 것이다. 왜냐하면 피할 수 있는 모든 악의 근원을 근본적으로 차단하고 만인의 평화로운 삶의 조건을 확보하며 생활의 편리에 기여하는 수많은 다른 기계의 발명을 가능하게 하는 상황을 조성하는 것보다 더 유용한 발명품이 어디 있는가? 그리고 이 가장 유용하고 쓸모 있는 발명은 바로 홉스의 과학적인 정치철학의 구성계획에 의해 만들어진 국가, 리바이어던이다.

우리는 오늘날 과학과 철학을 명확하게 구분하면서 철

학을 여타의 다른 개별 과학들과 확연하게 구분되는 독자적 분야로 인정한다. 철학은 더 이상 분화될 수 없는 개별 학문이다. 철학의 방법론과 문제 제기 방식은 개별 과학의 그것과 본질적으로 다르다. 철학의 위상에 대해 오늘날 철학자들이 매우 의심스러운 눈초리를 보내고 있다고는 하지만, 철학이 현실 관련 인과과학이며 기술적으로 이용할 수 있는 지식의 획득을 목표로 하고 인류의 행복지수를 높이기 위한 연구를 해야 한다고 주장하는 사람은 아무도 없는 것 같다. 오히려 철학의 인식론적 관심은 개별 과학의 인식론적 관심 및 인식론의 성과를 이용하는 기술과학과는 근본적으로 구분되며, 철학은 현실의 단편과 같은 고정된 대상을 갖는 학문이 아니라 인간의 인식과 행위를 연구하는 사고활동이며, 인간이 본래 가지고 있는 이성의 능력을 탐구하고 이론적 이성 및 실천적 이성의 조건을 공식화하려는 학문이라고 주장할 것이다. 철학과 개별 과학을 구분하고 사유과학과 응용과학을 구분하는 것은 홉스에게는 해당되지 않는다. 동시대의 학자들과 마찬가지로—물론 그들보다 훨씬 신랄하게—홉스는 철학을 과학 및 기술적으로 이용할 수 있는 학문의 생산 공장으로 간주했다.

전통적 철학자로서 관조적인 삶을 추구하고 불변의 존재질서에 깊이 천착하는 형이상학자 및 윤리학자들은 홉스의 철학 연구에서 거의 자취를 찾을 수 없다. 또한 개념 분석과 선험적 타당성 연구에만 몰두하여 현실의 인과관계를 과학에 일임하는 근대 철학자들은 홉스의 철학 연구에 아직 등장하지 않는다. 철학자로서의 홉스는 자연과학자나 엔지니어의 쌍둥이 형제와도 같다. 자연과학자가 자연의 법칙을 발견하기 위해 자연을 연구하고 엔지니어가 그 결과를 창의적인 기술로 발전시켜 자연을 인간의 삶에 유용하도록 만드는 것처럼 홉스의 도덕철학 및 정치철학은 그 인식의 결과를 이용해 인간의 본성과 삶의 법칙, 그리고 시민으로서의 안정적 삶을 위한 기본 원칙들을 마련하는 정치적 평화의 기술 및 평화적 기구를 만들기 위한 과학적이고 견고한 토대로서 리바이어던을 제시했다. 철학과 자연과학은 과학논리적 측면에서는 동일하지만 실용적 측면에서는 서로 다르다. 자연과학자보다 평화이론가들이 우위에 놓이며, 평화 기술자들이 생활의 편리한 기계를 만드는 발명가보다 우위를 차지한다. 그것은 왜냐하면 평화가 유지될 때에만 문명이 발달할 수 있고, 물질적 욕구도 세련될 수 있고 화려해질 수 있으며, 문화와 학문도 꽃필 수 있고 모든 사람의 삶의 질이 향상될 수 있기 때문이다. 반면 전시(戰時)에는 문화와 학술이 메마르고 인간의 심성도 야만스러워진다. »그와 같은 상황에서는 인간이 노력한 대가가 주어지지 않으므로 농사도 짓지 않고,

해운수송 및 수로를 이용한 물자교환도 이루어지지 않으며, 안락한 건물 및 진화를 위해 그 많은 공을 들였던 기계들도 무용지물이 되며, 지표면에 관한 지식과 시간계산, 예술과 문학, 사회적 인간관계 등이 모두 사라져 버리고 오직 우리를 지배하는 것은 상존하는 위협과 폭력적 죽음에 대한 위기감과 같은, 상상할 수 있는 것 가운데 가장 나쁜 것으로서 인간의 삶은 외롭고 비참하며 극도의 빈곤 속에서 어쩌면 동물처럼 살다가 짧은 생을 마치게 될 것이기 때문이다.«[12]

이제 과학성을 주창하는 홉스의 정치철학적 방법론을 좀더 자세히 살펴보자. 기하학적 규범(mos geometricus)이란 무엇이며, 분석적 분해–결합의 방법(resolutiv–kompositive Methode)이란 어떤 것인가? 홉스의 평화이론의 기저를 이루는 인식 개념은 어떤 것인가? 홉스의 이상체계란 과연 어떤 모습인가? 홉스는 자신의 과학적 정치학의 체계적 토대 및 철학적 토대를 『리바이어던』(*Leviathan*)에도 『시민론』(*De Cive*)에도 소개하지 않았다. 그의 이론 토대는 »계산 또는 논리«(Computatio sive Logica)와 »최상의 철학«(Prima Philosophia)이라는 표제가 붙은 2부로 구성된 『물체론』(*De Corpore*)의 제1부에 비로소 나타난다. 형이상학에 대해 방법론적 우위를 주장하는 이론을 소개한 이 두 장에서 홉스는 유클리드의 저서 『기하학의 기초』(*Elemente der Geometrie*)에 의식적으로 빗

대어 철학의 기초에 나타나야 하는 방법론적 · 형이상학적 원칙들을 소개했다. 『철학의 기초』(*Elemente der Philosophie*)라는 제목으로 씌어진 책의 첫 장인 「물체론」(*De Corpore*)은 물리적인 물체의 이론에 관한 것이다. 두 번째 장 「인간론」(*De Homine*)은 물체론에서 얻은 이론을 특수한 대상계층인 인간에게 적용한 결과이며, 세 번째 장은 앞의 두 장을 체계적으로 총괄한 것으로서 인간이 국가에 속하는 시민이 되는 과정을 연구하고 시민으로서의 삶의 규칙을 상술한 「시민론」(*De Cive*)이다.

»진리에 대한 지식은 […] 무엇보다도 […] 올바른 이성, 즉 철학의 공로이다. 철학은 개별 현상을 보편적 규칙으로 고찰할 수 있는 방법을 제시한다. 인간의 이성으로 파악된 사물들을 세분화한 수많은 종(種)과 갈래 속에서 철학도 세분화되고 연구대상의 차이에 따라 서로 다른 이름으로 불린다. 물체의 모습을 다루는 것은 기하학이라는 이름으로, 움직임을 다루는 분야는 물리학, 그리고 자연의 법칙을 다루는 것은 도덕론으로 불린다. 이들은 모두 철학이라는 전체를 구성한다. 이것은 마치 영국 바다 또는 대서양이라고 불리는 바다가 있고 지구 다른 편에는 주변 국가에 따라 인도양이라고 불리는 바다가 있지만 이들 모두 전체로서 하나의 대양이라고 불리는 것과 마찬가지이다.«[13] 이와 같은 비유에 따르

면 철학은 연구대상의 차이를 고려하지 않더라도 위에 언급된 세 분야에 모두 해당하면서 분야별 학문적 성격을 모두 보장하는 것이다. 홉스는 이것을 인과관계 설명방식이라고 불렀는데, 이것은 »어떠한 일의 원인으로부터 결과가 생기거나 반대로 이미 도출된 결과로부터 일의 원인을 찾아내려는«[14] 설명방식이다. 마찬가지로 철학이라는 개념에 대한 홉스의 일반적인 정의는 다음과 같다 : »철학은 이성에 의한 [≫per rectam ratiocinatio acquisita≪ : 올바른, 즉 체계적으로 유도된 이성을 사용하여 얻어진, 필자 주] 인식으로서 결과에 대한 인식 및 원인에서 파생한 현상 또는 원인이 발생된 이유, 그리고 반대로 이미 도출된 결과로부터 원인을 야기한, 가능한 이유를 인식하는 것이다.«[15]

철학에 대한 이와 같은 정의는 인식의 가능성을 대상의 생성조건 및 발생조건을 인지하는 능력과 연관시키는 입장이다. 이것은 원인의 결과가 무엇인지, 그리고 기본 요소들이 결합했을 때 드러나는 것은 무엇인지를 인식가능하게 한다. »철학의 대상 및 기본 재료는 우리가 파악하고 이해할 수 있는 모든 산물로서 이것을 우리는 여타의 다른 사물들과도 비교할 수 있다. 또는 결합과 분해과정에서 일어나는 일들, 다시 말해 어떤 물질의 생성과정과 특징에 대해 우리가 알아낼 수 있는 모든 것이 철학의 대상 및 기본 재료이다.«[16]

아리스토텔레스의 『형이상학』(*Metaphysik*)에는 수학과 물리학 그리고 신학이 세 가지 이론 학술분야로 소개되어 있고, 실천철학에서 말하는 인간과 관련된 일을 고찰하는 다른 종류의 연구는 이와 구분되어 있다. 반면 홉스는 기하학, 물리학 그리고 도덕론 및 정치학을 순수철학의 세부분야로 소개했다. 학문 및 과학을 이해하는 홉스의 방법적 특징은 아리스토텔레스가 이론철학과 실천철학을 존재론적으로 구분한 것과 마찬가지로서 기하학과 물리학을 제외한 도덕론과 정치학이 동일한 성격을 갖는 철학적 학문으로 인정받는 가능성을 연 데 있다. 게다가 홉스의 인식 개념이 갖는 생성적·구성적 성격은 철학적 분과의 규범에서 출발한 신학이 철학에서 배제되는 결과를 가져왔다. 기하학, 정치학 그리고 물리학은 모두 동일한 인식 개념에 의해 지배되는 것으로 인정되었고 생산과 형성, 구성 및 만들어짐이라는 범주로 나뉘는 공통점을 갖게 되었다. 신학은 예외이다. 신(神)은 그 정의에 따르면 만들어지지도 생산되지도 아니다. 따라서 신(神)이라는 존재는 인간의 인식능력 밖에 있고 이해될 수 없는 존재이다. 홉스의 철학은 최초의 비종교적이고 해체적인 서양의 인식론이다. 그의 현실이론에는 전통 및 계승이라는 근본적 원인이 결여되어 있으며, 최초의 존재원리 같은 개념도 없다. 홉스의 이론은 그 자체로 자족적이고—데카르트와 마찬가지로—확고한 타당성을 스스로 확신하기 위해 필요로 하는 신(神)에 대한 증명에도 관심이 없다. 홉스 철학은 일정하게 정해진 세계만을 다룰 뿐, 보편적 세계를 내적으로 뛰어넘는 선험적 · 신(神)적 존재증명의 차원을 완전히 포기한다.

홉스가 말하는 생성적 인식의 개념은 개념분석과 인과분석을 병행하는 일종의 이성 계산법이다. 이성 계산의 기본 조작법은 산술적인 덧셈과 뺄셈이다. 물론 이때 더해지거나, 빼지거나, 곱해지거나, 나누어지는 것은 숫자가 아니라 개념들이다. 인식의 체계적 획득, 이성의 정확한 사용은 개념분석과 개념통합을 기초로 하는데, 이때 개념분석과 개념통합의 기초는 개념의 부분 요소들을 추상화하고 고립시키거나 복합적인 개념을 분석함으로써 이루어지기도 하지만, 개념분석과 개념통합의 기초는, 체계적으로 유도되고 구성되는 개념결합을 통해 복합적 개념이 이루어지는 방식으로 마련되기도 한다. 그리고 이러한 방법을 통해 우리의 학술적 · 일상적 기술체계에 나타난 복합적 개념들의 내적 논리구조가 투명해지는 만큼 그 속에 기술된 세계의 내재적 인과법칙성은 저절로 설명되는 것이다.

이처럼 수학적인—새로운 물리학 분야에 대해 홉스가 적절하게 표현한 바로는—»혼합된 수학적 학문«,[17] 따라서 보편적으로 인정될 수 있고 반론의 여지가 없는 것으로 결론나게 되는데, 그것은 왜냐하면 이때 의도된 숫자가치 및 사용된 개념과 방법의 의미가 초주관적인 검증성을 가능하도록 만들었기 때문이다. 과학적 정치이론이 홉스가 정치학에 요구한 정도의 능력을 발휘하기 위해서는 정치이론도 수학적 학문이 말하는 정확성의 표준을 수용해야 할 것이다. 그리고 철학처럼 술어 표현적 개념들로 조작되는 연구방법도 이에 상응하는 확실성을 확보하여 연구에 사용된 도구의 의미가 연구방법의 체계 내에서 모순되지 않도록 할 필요가 있다. 따라서 홉스는 전통적 철학언어의 의미내적 무질서 및 부정확성을 계속 반복하여 비판적으로 지적하면서 명확한 의미규정의 필요성을 강조한다 : 다중적 해석이 배제된 명확한 정의 없이, 즉 개념의 명확성 없이는 방법론적으로 검증된 지식의 획득도, 검증 가능한 논거도, 어떠한 학문도 있을 수 없다. »명확한 언어는 인간 정신의 등불이지만 이것은 다만 정확한 개념정의를 통해 의미의 다중성으로부터 깨끗하게 정화되었을 때에만 그러하다. 이성(*Vernunft*) 은 출발점이고, 학문의 축적은 여로이며, 인류의 평안은 목표점이다. 이와 반대로 메타포 및 다중적, 무의미한 언어는 훼방꾼과 같아서 이런 언어가 우리의 사고를 지배하게 되면 수많은 모순 사이에서 헤매게 될 뿐만 아니라 결국 논쟁과 반란, 불복종

만이 남게 될 것이다.«[18]

정확한 술어사용(»nomenclatura accurata«)[19]의 정당성을 주장함으로써 홉스는 근대 철학의 발전동력을 제시했으며, 이것은 특히 20세기 철학의 철학적 자기 이해에 지속적으로 영향을 미쳤는데, 그것이 바로 치료적 언어비판이다. 그러나 홉스의 언어비판이 과학에 대한 낙관주의의 테두리에서 철학적 인식의 방도를 넓히기 위한 철학적 입문서로서 시작된 반면, 후기 비트겐슈타인(Wittgenstein)이나 그의 추종자들은 철학적 인식 프로그램 전체를 치료적 언어비판으로 축소시키고 말았다.

과학으로서의 철학에 있어 이성의 정확한 사용에 대한 홉스의 고민은 파두아학파(Paduaner Schule)의 소위 방법성찰(Methodenreflexionen)과 밀접한 관계가 있다.[20] 홉스의 나누고 통합하는 이성(»recta ratiocinatio«)과 계산하는 이성은 갈릴레이와 자바렐라(Zabarella)의 분해의 순서(ordo resolutivus) 및 결합의 순서(ordo compositivus)의 방법을 바탕으로 움직인다. 이 방법적 개념에 대한 원인 및 원리 탐구의 과제가 분해요소에 추가된다. 분해는 원인으로부터 결과의 방향으로 진행되고 해명되어야 할 것으로부터 이유의 방향으로 움직인다. 분해의 방법은 더 이상 분석적 방식으로는 되물을 수 없고 더 이상 쪼개지지 않는 마지막 원인과 이유를 들춰낸다.

분해는 과학에 가깝지만 과학 자체는 아니다. 과학은 원인에서 결과로, 이유에서 설명의 대상으로 움직인다. 과학은 파생관계, 구성적 관계, 생산관계 및 근거제시 관계 등의 질서 있는 정돈된 관계이다. 과학 및 학문은 언제나 통합 및 분해의 방식을 통해 확인된 원인으로부터 도출된 사안을 설득력 있게 구성하는 구조적 틀 안에서 비로소 형성된다.

생성적-구성적 인식 개념(generativ-konstruktive Erkenntnisbegriff)에 따르면, 인식이란 인식대상을 초래한 원인과 단순한 이유로부터 생성된 역사로 진술될 수 있기 때문에 인식은 과학적으로 검증된 사실이라고 한다. 이로써 대상에 대한 과학 및 학문의 인식론적 수준은 과학적 논쟁에서 사실 제일 마지막에 확인될 수 있는, 더 이상 분해되지 않는 원인과 이유에 대한 과학적 인식론의 수준에 달려 있게 된다. 우리가 기본 요소에 대한 확실한 지식을 가지고 있다면 이 기본 요소로부터 결합되는 복합적 대상에 대한 지식도 가질 수 있게 된다. 반대로 만약 우리가 기본 요소에 대한 확고한 지식을 가지고 있지 않다면 이는 과학의 영역으로 들어올 수 없는 가설들에 기초한 지식이 되고, 이렇게 되면 복합적 대상에 대한 지식은 가설적 성격만을 가지게 된다.

우리는 우리의 고유 활동을 통해 확인할 수 있고 또 이러한 활동 없이는 생산이 불가능한 기본 요소에 대해 반드시 명확하고 확실한 지식을 가지고 있어야 한다. 이로써 논증적(*demonstrativ*)이고 철저하게 검증 가능한 지식이 가능하게 되는데, 그 이유는 기본 요소에 대한 확고한 지식으로 환원되는 인식은 오직 »인간이 자의적으로 생산한 것에 지나지 않는« 것들에만 관계되어 있기 때문이다. 이러한 상황에 들어맞는 것이 바로 기하학이다 : »개별 도형이 갖는 특징의 원인은 당연히 우리가 직접 그린 선들로 표현될 수 있다. 그리고 도형의 생산은 우리의 자의적 의지에 달려 있는 것이므로 개개의 임의의 도형이 갖는 특징을 인식하는 데 필요한 것은 우리가 그 도형을 직접 그릴 때 구성해 넣은 것으로부터 도출된 모든 것을 도형의 특징이라고 간주하는 것이다. 우리가 직접 도형을 생산한다는 이유에서 기하학은 증명될 수 있는 학문이며 실제로도 그러하다.«[21] 기하학적 인식 개념을 어느 정도 규범적 법칙에 선행하는 구성행위와 결부시켜 논증된 결과(*demonstratio*)보다 생산된 결과(*generatio*)를 선행시키는 논증이론의 선행관계는 홉스 스스로가 유클리드보다 훨씬 더 깊이 철학적으로 침잠했다는 확신을 갖도록 했다 : »나는 기하학에 확고하고 연속적인 기초를 마련한 최초의 사람이다.«[22] 홉스의 인식이론이 가지는 생성적 선험성(generative Apriori)은 실질적으로 유클리드의 공리에 소급되며, 홉스는 명제들 사이의 연역적 관계를 행위하는 주체와 그로 인해 야기된 도형들 사이의 원인–결과–관계로 변형시켰다 : 기하학적 지식은 스스로 초래된 원인의 결과에 대한 지식임이 드러난다.

논증적이고 엄격하게 검증 가능한 인식은 가공적 수단에 의해서만 가능하다는 입장을 통해 홉스는 비코(Giambattista Vico)의 유명한 격언을 예견했다 : »verum et factum convertuntur« 또는 달리 표현하면 »verare et facere idem esse[23]«— 진실을 밝히는 작업과 조작행위는 동일한 것이다. »기하학은 우리가 그것을 실행함으로써 확실하게 근거가 마련될 수 있다. 물리학을 명확하게 규명하기 위해 우리는 또한 물리학을 실행에 옮겨야만 할 것이다.« 다시 말해 물리학의 대상을 기하학의 도형과 마찬가지로 생산해야 한다.[24] 물리학을 유일하게—비코가 1708년에 행한 유명한 연설 *De nostri temporis studiorum ratione*에 나타난 표현에 의하면— 논증적으로 실행할 수 있는 자는 오직 신(神)뿐이다. 세계의 생산자로서 생산하는 모든 원인에 대한 믿을 만한 지식을 가지고 있는 세계의 창조자에게는 물리학이 가공적 학문이며, 보통 사람들에게 이 세계는 다만 사실일 뿐이다. 이로써 생성에 관한 학문과 인식의 원리는 주어져 있는 세계의 성격 앞에 항복할 필요가 없게 되었다. 우리가 구성할 수 있고 요소들을 이용해 합성할 수 있는 것만을 인식할 수 있다고 하는 홉스의 생각은 물리학에서도 입증될 수 있다. 자연과학도 철학적 인도 하에서 도구적 학문으로 고안될 수 있다. 물론 자연과학은 논증적이고 엄격하게 검증될 수 있는 인식론으로 발전할 수는 없다. 자연과학자의 임무는 »내가 강조하는바, 우리의 감각기관에 주어져 있는 자연현상과 영향관계로부터 어떻게 생산되었는가가 아니라 생산될 수 있었던 방법을 연구하는 것«[25]이기 때문이다.

물리학의 인식은 가설적일 뿐만 아니라 실제의 구조법칙 및 창조의 청사진과 동일시하는 데 아무런 관계도 없는, 가정된 원리에 기초하고 있다. 자연과 그 구조를 이성적으로 구성하는 물리이론은 원칙적으로 헤아려질 수 없는 것으로 간주되어야 한다. 마찬가지로, 자연에 대한 인식을 주어진 감각적 현상으로부터 그 가능한 토대와 생성의 근원으로 추론할 때 홉스가 모범으로 삼았던 갈릴레이의 방식을 따르며, 또 우리가 스스로 고안해낸 개념적 기초에 근거하여 선험적인 어떤 것으로서 자연인식을 추론한다면, 무엇을 생성시키는 원인을 비록 간접적으로 이용하는 것이라 해도 과학적 이해의 기본 조건 가운데 하나가 충족된 것으로 볼 수 있다. 이런 방식으로 과학으로서의 물리학은, 모든 자연적으로 존재하는 근본적인 현실인식에 대한 가정이 검증될 수 없음에도 불구하고 가능하다.

인과적 현실인식의 기본 원칙은 범주적 기능을 가지고

있다. 이 원칙은 인과관계를 탐구하는 모든 학문이 포기할 수 없는 조건을 형성하므로 그 자체로는 설명하는 과학의 잠재적 대상이 아니다. 이 원칙은 가장 일반적인 개념들 및 물리적 대상 전반에 대한 구성조건들을 포함하고 있으므로 어떤 것이 마땅히 그러해야 할 모습을 규정하며, 이로써 이 원칙은 물리적 인식의 특수한 대상으로 주목되어 여타의 다른 특수한 대상들, 즉 시간과 공간에 의해 움직이는 것들로부터 구분될 수 있다. 물리적 존재양식에 대한 홉스의 견해는 역동적 물질주의(Materialismus)의 토대를 제공한다. 존재하는 모든 것은 움직이는 물질이며, 사물이 처한 시간과 공간 속에서 겪는 인과적 변화이다. 그러므로 대상에 관한 인식은 홉스에 따르면 다음과 같은 조건관계를 기초로 한다 : 자연대상에 관한 인식이 가능하기 위해서는 자연대상이 개념적으로 재구성될 수 있어야 한다. 자연대상이 개념적으로 재구성될 수 있기 위해서는 물리학 및 운동역학의 원칙으로 자연대상이 환원될 수 있어야 한다. 그리고 자연대상이 이러한 원칙에 바탕을 두고 있을 때 그것은 공간 속에서 움직여진 물체로 파악되어야 한다. 동시대의 자연과학적 토대에 기초한 모든 사물인식에 대한 이와 같은 인식이론적 환원주의로부터 도출된 결론은, 공간에서의 물체의 움직임이 여타의 모든 현상들에 대한 과학적 접근이 가능해지기 위해서 궁극적으로 환원되어야 하는 근원적 현상임에 틀림없다는 것이다.

생성에 관한 인식이론의 원칙과 조화를 이루면서 물리학을 과학으로 구성하려는 시도는 홉스를 동시대 물리학의 기본 개념에 대한 구성 이론적인 해석, 더 나아가 선험철학적 해석으로 이끌었다. 홉스가 『물질론』(*De Corpore*)의 첫째 본문의 기초 서설에서 최상의 철학(Prima Philosophia)이라고 정의한 물리학의 기본 개념(단위, 물질, 형태, 시간, 공간, 운동, 원인, 결과, 질량 등)은 홉스 자신이 극도로 반대한 데카르트식 직관주의에서 어떻게 설명되고 있는지 알려진 바 없으며, 선험철학자 칸트의 추종자들이 사고력 및 인식능력의 본질로부터 물리학의 기본 개념을 어떻게 유도했는지 등에 대해서도 알려진 바가 없다. 홉스는 그의 최상의 철학에서, 형이상학적 추론을 통해서도 선험적 추론을 통해서도 이 범주적 기본 개념들의 기원 및 유효성을 확실하게 보장하는 어떤 단서도 찾지 못했다. 이 개념들은 홉스에 의해 다만 하나하나 세어졌을 뿐 정확하게 규명되지 않았다. 이 개념들에는 따라서 형이상학적 자의성이 깃들어 있다. 그러나 이러한 성격은 철학을 전통적으로 이론의 진리탐구에만 방향을 맞추려는 사람들에게만 방해가 될 뿐이다. 홉스에 있어 철학과 과학은 모든 사물 앞에 쓸모 있는 것으로 증명되어야 하고 인류의 목적에 기여하는 것이어야 한다. *Scientia propter potentiam*—

권력에 기여하는 과학. 존재사유와 성찰된 삶(*vita contemplativa*)에 대한 논쟁을 거부하는 베이컨(Bacon)의 이러한 근대의 캐치프레이즈는 과학과 철학이 실용적 효과 외에도 자연을 지배하고 평화를 조장하는 이용지식 및 가치평가의 지식을 제공한다는 점에서 권장될 가치가 있다는 홉스의 신념에도 일치한다.

홉스의 형이상학은 우리가 오늘날 과학이론이라고 부르는 것의 내용과 가장 흡사하다. 현재의 과학이론은 전통적 의미의 존재 형이상학이 아니며, 근대적 의미의 주관적 형이상학도 아니다. 홉스에 있어 존재를 대신하는 것은 물리적 물체구조요, 주관성을 대신하는 것은 자율적 과학방법론이다. 홉스 철학에는 주체가 없다. 홉스 철학이 실행하는 경험분석은 개인 중심적 구성을 거부하며 증명된 방법론에 의한 객관적 관점에서 이루어진다. 홉스에 있어서는 데카르트의 인지된 것(*res cognitans*)도 발견되지 않으며, 물질적 존재로부터 분리되는 자아도 발견되지 않는다. 물질적 존재와 분리될 수 있는 자아는 존재론적 외로움 속에서 신(神)에 대한 인식론적 진실성을 통해서만 존재근거가 밝혀질 수 있다. 홉스에 있어 우리는 또한 경험인식의 타당성 요구를 들어줄 수 있는 선험적 주체성의 층위도 발견할 수 없다. 홉스에 있어 주체는 어떠한 존재론적 · 인식론적 특수성을 가지지 않는다. 주체는 설명하는 기관도 아니고, 주체에 대해 물질세계와 상이한 비물리적 현실성을 부여할 수도 없다. 데카르트의 신체-영혼 이분주의를 홉스는 물질적 단일주의로 대체시켰다. 우리가 우리에게 스스로 인정하는 주체성이라는 개념은 물질세계의 현실유형과 구분될 수 있는 자주적 · 비환원적 현실유형에 바탕을 두고 있지 않다. 홉스는 환원주의적 입장을 취하는데, 그것은 물리적 존재유형, 동적인 물질주의는 인간의 주체성 및 인간의 의식과 의지에 의해 상대화될 수 없으며, 인간도 다만 움직임 속에 있는 어떤 것일 뿐이고 인간의 정신활동은 물리적 운동 개념을 통해서 완전히 설명될 수 있다는 입장이다.[26] 환원주의적 입장에 대해서는 다음에 이어질 인간학을 다루는 장에서 상세하게 기술할 것이다.

홉스에 따르면 철학은 기하학, 물리학 그리고 윤리학을 포괄한다. 이미 보았다시피 기하학은 홉스가 볼 때 엄밀하게 증명하는 논증과학의 성격을 가진다. 그 이유는 기하학이 구성행위의 테두리에서 생산 및 구성의 원인과 결과를 스스로 제시하기 때문이다. 물리학은 이와 달리 가설적 인식에만 도달하며, 홉스의 생산학문이라는 개념을 따르는 과학적 인식의 예가 된다. 기하학에서 말하는 실제 생산의 원인 대신에 물리학에서는 더 이상 분석될 수 없는 근본 개념들로 짜여진 개념적 그물이 그 자리를 차지하여 우리의 경험적 인과분석의 논리적 틀을 형성한다. 홉스의 정치철학에 있어서는 다음과 같은 확신이 중요한 의미를 갖는다. 즉, 도덕철학 및 정치철학과 같은 윤리학도 논증적 학문이며 엄밀하게 증명될 수 있는 인식내용을 획득할 수 있는데, 그 이유는 정치적 세계의 대상은 기하학의 도형처럼 오직 인간의 자의적 성향으로부터 유래하기 때문이다. »정치학과 윤리학, 즉 정의와 불의, 허용될 수 있는 것과 허용될 수 없는 것에 관한 학문은 선험적으로 논증될 수 있다. 왜냐하면 그것은 우리가 정의와 불의, 허용될 수 있는 것과 그렇지 않은 것을 인식하는 원리, 즉 정의의 원인 및 법률, 계약 등을 스스로 만들기 때문이다.«[27] 물론 정치철학은 실제 역사적 국가형성을 기술하는 것으로서의 논증적 학문의 위치를 차지하지 못한다. 정치철학은 다만 그 재료를 생산모델에 따라 체계적으로 조직하고 구체적 연구방법에 있어 분해-결합의 방법을 따를 때에만 검증될 수 있는 학문으로 전개된다. »나의 방법론과 관련해서 [···] 내 생각에 우리는 국가의 구성성분으로부터 시작해서 국가의 생성과 형성 그리고 정의에 대한 첫번째 근원으로 넘어가야 할 것 같다. 왜냐하면 어떠한 일을 가장 정확하게 인식하기 위해서는 그것을 구성하는 요소들로부터 출발하는 것이 옳기 때문이다. 재료와 형태 그리고 부속의 움직임을 알아내기 위한 분해작업이 없이는 저절로 가는 시계도, 좀더 복잡한 기계도 그 각각의 부속과 바퀴가 가지는 기능과 작동 원리를 이해할 수 없다. 이와 마찬가지로 국가의 권리와 시민의 의무에 대한 연구에 있어서도 국가를 실제로 분해할 수는 없지만 그것을 구성하는 요소들로 나누어 관찰하는 것이 필요하다. 이것은 다시 말해서 인간의 본성은 어떻게 형성되는지, 인간의 본성은 어느 정도까지 국가의 형성을 위해 필요한지, 혹은 인간이 통일된 단위로 기능하기 위해서는 어떠한 방식으로 결속되어야 하는지 등에 관해 명확하게 인식되어야 한다는 것을 의미한다.«[28]

국가를 가상적으로 분해하는 작업은 자연상태 및 자연적 인간상태를 알게 해준다. 이로써 우리는 사유적으로 분해된 것을 이성적으로 재구성하고 방법론적으로 재생할 수 있는 최초의 출발점을 얻을 수 있다. 우리는 이 출발점으로부터 자연상태란 일종의 필연적 · 방편적 구조체로서 국가가 합리적으로 형성되는 역사의 출발점이라는 것을 추론할 수 있다. 자연상태는 결코 인류역사의 발달단계 가운데 역사적으로 확인할 수 있는 어떤 시기를 가리키는 말이 아니다. 이와 관련해 칸트(Kant)는 자연상태를 »홉스의 이상«[29]으로 지칭했으며, 국가조직의 필연성을 논리적으로 설명하는 논리적-논쟁적 기능을 홉스에게 일임했다. 인간 본성에 대한 연구는 인간으로 하여금 국가에 통합되어야 하는 가장 적절한 이유를 설명할 수 있어야 하고, 자연상태는 벗어날 수 있는 상태라는 것을 분명히 명시해야 할 것이다. 정치철학은 그러므로 인간학으로서 출발해야 한다.

2. 인간학 : 자연, 이성, 권력

홉스의 방법론 및 인식 개념은 오늘날 오직 정신사적 분야에서만 관심을 갖는다고 보는 것이 옳다. 홉스의 연구방식은 17세기의 과학적 정신에 불을 밝혔지만 정치철학에 관한 오늘날의 체계적 토론에도 유용할 만한 요소는 가지고 있지 않다. 홉스로 대표되는 통일적 방법론에 대한 생각이 비록 논리 실증주의나 비엔나학파의 과학철학 등 후대의 세기로 이어지기는 했지만, 이때 이들의 생각이 홉스의 그것과 동일한 것은 아니었다. 홉스의 방법론 및 인식 개념은 현대 과학철학의 정확성 표준과 비교해 보면 방법론적으로 매우 난해하고, 인과분석을 낮은 수준의 개념분석과 혼동하는가 하면 생성과정을 연역관계와 구분하지 않거나 구성이론에 관한 생각을 발달의 역사와 혼동하는 경향이 있다. 그리고 홉스의 방법론을 일일이 확인하고 홉스 정치철학의 핵심사상을 이해하기 위해 홉스가 영향을 미쳤으리라 생각하는 자바렐라

(Zabarella)에서 하비(Harvey)에 이르는 모든 동시대의 자료들을 일일이 찾아내는 것도 결국에는 모두 불필요하다. 그리고 홉스가 생각한 올바른 학문방법에 관한 내용을 간과하고 그와 밀접한 관계가 있는 동적 물질주의(dynamischer Materialismus) 및 물질주의적 심리학(materialistische Psychologie)의 이론적 입장을 간과한다면 우리는 홉스의 철학을 올바로 이해할 수 없을 것이다. 또한 홉스의 철학에 대해서는 작가의 자기 이해, 즉 홉스 스스로 자신의 저서에 대해 어떤 해석가도 간과할 수 없는 중요한 이해의 실마리를 제공하고 있다는 사실이 기억될 필요가 있다.

홉스 정치철학의 방법론적 핵심 개념은 의심의 여지없이 생성적 인식 개념(generativer Erkenntnisbegriff)이다. 생성적 인식 개념이야말로 정치철학에 인간학적 토대와 계약적 논거를 부여함으로써 국가의 존재를 논증하는 홉스 철학의 근간이다. 홉스 이후의 철학, 특히 현대 정치철학이 계약적 논거를 협의의 의미로 순수하게 규범적 질의와 정당화 이론의 질의로 이용한다 하더라도 우리가 잊지 말아야 할 것은 자연상태, 계약 그리고 국가를 논거의 논리에 따라 서로 연계시키는 것이 원래 학술방법론적 동기에서 출발한 것이며, 정치철학에 관한 문제 제기에 있어 보편타당한 것으로 여겨지던 과학 인식 프로그램을 적용한 결과로서 생겨난 것이라는 사실이다. 칸트의 선험적 추론 외에 아마도 가장 영향력 있는 이 철학적 논거형식은 근대 초기의 과학적 낙관주의의 시작을 알리는 문헌으로서 철학사의 한 부분을 차지하는 방법론 계획의 덕분으로 탄생했다.

위에서 살펴보았다시피 홉스의 생성적 인식 개념은 세 가지 연구요소로 결합되어 있다. 첫 번째 요소는 분석인데, 이것은 합성적 · 복합적으로 이루어진 연구대상을 더 이상 나눌 수 없는 기본 성분들로 쪼개는 방법이다. 그 다음으로는 이 기본 성분들의 성질 및 상태에 대한 정확한 탐구가 뒤따라야 하는데, 그 이유는 복합적 연구대상의 특징과 행동방식은 그것을 구성하고 있는 기본 성분들의 특징 및 운동방식에 의해 규정되기 때문이다. 이로써 복합적 대상에 대한 이해의 실마리가 마련된다. 결국 우리는 기본 성분들로 결합되어 이루어진 복합적 연구대상의 전체 구조를 그 형성과정에서 탐구해야 하며, 부분과 전체가 서로의 특징을 규정하는 방식 및 부분들의 특징으로 이루어진 전체의 특징을 설명하고 이해시켜야 한다. 연구의 우선적 관심을 국가의 내적 규범에 관한 구조에 두고 스스로의 내적 합리성 요구를 비판적으로 검토하여 국가의 권리에 대한 내용규정과 그 타당성의 근거 및 시민의 의무, 그리고 시민으로서의 삶의 법칙을 연구하는 정치철학에 위와 같은 방법론 계획을 적용한다면 다음과 같은 세 가지 과제가 생길 것이다. 우선 국가를 더 이상 나누어지지 않는 구성성분들로 분해해야 한다. 그런데 이런 작업은 매우 과격한 사유실험을 요구한다. 먼저 우리는 우리의 관념으로부터 국가를 멀리해야 한다. 국가기구와 조직이 분명 외적으로 현존함을 피부로 느낄 수 있음에도 말이다. 그 다음으로는 우리들 마음 속에 현존하면서 우리의 신념과 행동습관 및 사회적 성격이 드러나는 국가를 멀리해야 한다. 인간을 배제하고 또 추상화된 국가로부터 더 이상 쪼개지지 않고 남아 있게 되는 것, 즉 분해의 산물은 자연상태의 인간이다. 국가를 구성성분으로 분해하는 과정은 그러므로 인간의 자연상태화 과정을 의미한다. 분해의 마지막에 남는 침전물이 바로 자연상태의 인간이다. 인간은 체계적으로 이루어진 사유실험의 산물이며, 머리 속에서 진행되는 국가 해체과정 자체보다 덜 가공적이지 않다.

홉스는 이러한 사유실험에 대해 자세한 부분까지 설명하지는 않았다. 그의 국가철학 연구는 두 번째 과제, 즉 자연상태의 인간에 관한 기술 및 정치적 목적을 가지는 자연상태의 인간을 다루는 인간학으로부터 시작한다. 위와 같은 분해방법의 증류물로서 얻어진 자연상태의 인간은 결코 존재하지도 않았고 존재하지도 않을 것임에도 불구하고 홉스는 인간의 참된 자연적 본성에 대해 설명해야 한다고 생각했다.

그가 설명한 인간상에 드러나는 특징은 실제로도 들어맞음에 틀림없다. 홉스는 또 추상화 방법에 의해 올바로 유도되었다면 누구나 이 자연상태의 인간을 더 이상 분해할 수 없는, 역사적-사회적 실존의 핵심 구성체로서 스스로 발견할 수 있다고 믿었으며, 스스로 이와 같은 방식으로 증명함으로써 자신의 이론의 신빙성이 입증된다고 믿었음이 분명하다. 그렇지 않으면 홉스는 정치적 세계와 그 속에 내재되어 있는 규범적 구조에 관한 타당한 인식을 얻을 수 없었을 것이다.

세 번째 연구내용은 자연상태의 인간에 대한 이론을 정치철학을 증명하는 수단으로 이용하는 문제이다. 홉스는 개개의 인간이 어떻게 그리고 왜 국가에 결속되는지, 그 결속과정에서 어떠한 규범적 내적 구조가 성장하는지, 그리고 왜 하필 그 구조인지 등을 명확히 설명할 필요가 있었다. 인간의 본성 속에는 국가와 결속관계를 유지하려는 동기가 있음에 틀림없다는 것이 밝혀졌다. 인간의 본성이라는 배경을 앞에 두고 국가적 결속의 양태와 국가의 규범적 기본 토대에 대한 설명도 이루어져야 하는데, 그 이유는 인간은 스스로 국가를 만들기 때문이며, 인간과 국가는 생산의 재료이자 동시에 생산자이며, 정치구조의 원리는 오직 그 구조의 재료가 갖는 성질로부터 알아내어질 수 있기 때문이다.[30] 홉스는 하늘에 있는 별들 사이에는 인간의 공동 삶에 필요한 구속력 있는 규칙을 추론할 수 있는 어떤 영원불변의 자연법 원리도 더 이상 존재하지 않는다고 생각했다. 이와 마찬가지로 이미 주어져 있는 자연의 질서라는 것도 없어서 인간의 본성에 맞는 사회형식도 처음부터 있는 것이 아니다. 홉스의 견해에 따르면 인간은 완전히 붕괴된 질서체계의 폐허 위에 서 있다. 인간에게는 형이상학적인 외부세계도 없다. 인간은 스스로를 의지하는 존재이자 자신에게 필요한 질서를 스스로의 책임 하에 스스로의 힘으로 만들어야 하는 존재이며 본성에 적응하고 고유한 이성을 통해 스스로의 존재근거를 마련해야 하는 존재이다.

홉스는 그의 정치철학을 세 번에 걸쳐 발표했다. 우선 1640년에 자필로 쓴 *The Elements of Law, Natural and Politic*은 1889년이 되어서야 처음으로 원문에 충실하게 출판되었다. 1642년과 1647년에는 홉스 철학체계의 결정판이자 시민에 대한 저서인 『시민론』(*De Cive*)이 두 권의 묶음으로 발표되었고, 마지막으로 1651년에는 홉스 평생의 역작이자 그의 정치철학에 관한 최종적 입장이 담긴 『리바이어던』(*Leviathan*)이 발표되었다. 『리바이어던』은 책의 표지를 장식하고 있는 가공의 인간에 대한 매우 인상적인 설명으로 시작하고 있다. 홉스는 이 책에서 이 가공의 인간에 대한 본질과 형성과정을 탐구하는 것을 과제로 삼았다. »자연[신(神)이 세계를 창조하고 조종하는 기술)]은 인간의 기술에 의해 모방되어 심지어 동물도 인위적으로 생산할 수 있을 정도이다. 왜냐하면 생명은 특별히 중요한 어떤 부분에서 시작하는 마디의 움직임만으로도 충분하기 때문이다.—우리는 어째서 (시계처럼 부속과 바퀴가 스스로 움직임으로서 작동하는 기계들 같은) 모든 자동기계들에 대해 인공적 생명을 인정한다고 말할 수 없는가? 박동하지 않는 심장은 없으며, 가닥으로 얽혀 있지 않다면 신경이란 무엇이며, 예술가가 원하는 대로 우리 몸을 움직일 수 있게 해주는 수많은 연동장치가 없다면 관절은 또 무엇인가? 예술은 자연이 만든 뛰어난 작품인 인간을 모방함으로써 더욱 발전한다. 왜냐하면 예술을 통해 저 위대한 리바이어던이 창조되었기 때문인데, 리바이어던은 공동체 또는 국가라고 불리는 것으로서 라틴어로는 *civitas*(국가)라고 하는 인위적 공동체를 일컫는다. 인위적 인간은 자연상태의 인간을 보호하기 위해 고안되었으며, 자연상태의 인간보다 크고 강하게 묘사되어 있다. 인위적 인간에 있어 자주성은 몸 전체에 생명과 운동력을 부여하는 가공된 영혼을 드러내며, 이 영혼은 사법부와 행정부의 관리와 공직자에게 인위적 연계고리 및 상벌을 부여함으로써 자주성의 기저를 마련한다. 그리고 각 관절과 사지가 각자의 임무를 완수하도록 해주는 것은 신경으로서 자연적 신체에서도 신경이 담당하는 임무는 동일하다. 모든 개별 구성조직의 부와 번영은 국민의 안녕(salus populi)을 임무로 삼는 덕목을 지닌다. 반드시 알아야 할 것에 대해 설명해 주는 것은 기억력과 정의감 그리고 법률 및 인위적 이성, 인위적 의지이다. 조화는 건강을 의미하고 폭동은 질병, 시민전쟁 및 죽음을 의미한다. 그러나 결국 계약과 합의에 이르러 이를 통해 정치적 몸의 각 부분들이 완성되어 신(神)이 인간을 창조할 때 약속했다고 하는 그 모습 그대로의 인간과 조화를 이루어 결합하게 된다.≪[31]

우리는 여기에서 두 가지 사항에 주목할 필요가 있다. 우선 세계 창조를 국가 창조와 비교한 것은 근대의 주체성이 자율적 의지에 자부심을 가지고 인상적으로 자신을 드러내는 것과 거리가 멀다. 과거의 신(神)과 마찬가지로 이 젊은 주체는 오직 자기 스스로를 전제하고 출발하는 무(無)에서 창조된 것(*creatio ex nihilo*)이라고 할 수 있다. 그런 다음 인간적 주체와 마찬가지로 신(神)의 주체로서의 창조적 활동이 창조과정에서 조종하고 또 이미 만든 것을 기계, 인공적 가공품 및 조작으로 해석하는 역학적 패러다임의 보편성이 나타난다. 동식물이 살고 있는 세계나 스스로 만든 사회형태와 조직의 질서 속에 살고 있는 인간이나 모두 역학적 메커니즘을 따른다. 메커니즘과 생성적 인식 개념은 서로 시사하는 바가 크다. 위 인용은 홉스의 물리적 현실공식 및 역동적 물질주의를 설명하고 있다. 즉, 존재하는 모든 것은 움직이는 물체이자 물체적 움직임이라는 것이다.

이때 인간도 예외는 아니다. 따라서 우리는 학술적 관점을 통해 우리의 자아기술 방식을 교정해야 하며, 자기 이해의 체계에 은연중 내재하는 데카르트적 방식을 포기해야 한다. 우리는 우리의 정신활동, 즉 언제나 반추하도록 구성된 사고, 이해력, 의지 그리고 의미이해와 같은 것을 물리적 인과관계의 전형에 따라 이루어진다고 생각하는 것을 거부하고, 이러한 정신활동을 외부의 원인에 대한 결과로 간주하는 것을 거부하며, 본질에 있어 다만 더 큰 내적 복합성을 가진다는 점에서 몸의 움직임과 구분되는, 우리를 사로잡고 있는 거대한 결정적 움직임의 체계에서 비롯된 에피소드로 간주하는 것도 거부한다. 우리는 또한 고유한 현실성을 통해 우리가 직접 의식하고 있는 주체성을 어떤 사물의 일종이라고 치부하는 것도 거부한다. 그런데 바로 우리의 주체성 이론에 근거한 자기 이해의 이러한 환원주의적 태도는 홉스의 과학적 연구방법을 요구한다. 그리고 홉스는 의식현상 및 의지현상을 역동적 물질주의의 공식에 들어맞도록 해석하고자 많은 노력을 했다.

홉스는 오직 공간적 관계에만 적용될 수 있는 물리적 운동 개념을 강조하고 모든 것을 스스로 움직이는 물체의 물리적 언어로 기술하기 위해 인간의 의식에 공간성을 부여하고 무한히 작은 마이크로 운동을 가정했다. 의도와 관념, 의지의 형성 및 숙고 등은 모두 생리적 원인에 기인하는 내적 움직임 및 운동성이 여러 가지 방식으로 상이하게 표현된 것이다. 더 정확히 말하면 우리의 정신활동은 장소의 이동과 같은 외적 인과동기가 내적으로 기록되어 내면의 특수성에 인과적 영향력을 행사하는 것이다. 물리학자로서의 홉스가 의식의 공간에 대해 언급한 것은 결코 은유가 아니었다. 의식현상 및 의지현상에 대한 그의 물리적 설명은 다음과 같은 도식을 따른다 : 외부 물체세계가 어떤 인과적 원인에 의해 변화되는 것은 우리의 감각계에 영향을 끼친다. 인과관계를 갖는 감각적 인상은 공간적 구조를 가지고 인과성의 지배를 받는 내적 세계 속에서 영향력을 발휘하며 두뇌와 마음 속에서도 의식적 감각의 인과적 뿌리로 기능하는 인과적 저항, 반응 그리고 반작용현상을 야기하는 감각적 인상이 만들어진다. 이 도식에서 두뇌와 마음은 의식화된 것의 역학적 공장으로 작동한다. 의식화된 것이란 이때 여러 다른 감각의 내용적 자질처럼 인과적으로 생성된 일종의 자질이다.

의식과 자의식을 원인-결과관계에 의해 일어난 사건으로 설명하는 이와 같은 정서적 인과관계 모델은 비단 감각적 측면에만 한정된 것은 아니다. 이 모델은 모든 정신활동과 의식상태에도 해당된다. 이 모델은 인지적 측면에만 국한되는 것이 아니라 인지능력을 일깨우는 선호 및 기피의 경향에도 해당되며, 물건을 향한 갈망과 거부의 행위에도 해당된다. 인간은 그가 인지한 환경의 변화에 대해 보편적으로, 또 주관적으로 반응하는 일종의 자동기계이다. 인간은 여러 가지 미세한 작은 내적 움직임 속에서 일어나는 외부세계의 움직임을 처리하는데, 이러한 행위는 모든 인지적 · 감정적 · 선호적 의식의 영역활동을 모두 똑같이 규정하며, 이렇게 해서 인지세계와 욕구의 세계가 형성된다. 인간은 기피와 선호의 운동 프로그램을 통해 조종되는 존재로서 쉬지 않고 움직이도록 마련되어 있는 기계이다. 인간은 자신의 움직임이 요구되는 쪽으로 움직이고 움직임이 방해받는 쪽으로부터는 물러난다. 전자는—홉스의 말을 빌리면— 우리가 보통 »좋다«고 일컫는 것이고 후자는 반대로 »나쁘다«고 일컫는 것이다. 그리고 인간의 선호와 기피경향은 사람마다 다르고, 이때 좋은 것과 나쁜 것이라는 것도 상대적으로 해석될 수 있으므로 »주어진 객체 자체가 본질적으로 가지고 있는 선과 악에 대한 보편적 규칙은 존재하지 않는다.«[32]

인간이라는 기계가 서로 다양한 것을 추구하거나 또 기피한다면 해당하는 모든 것에 대한 일반적 운동규칙이 있을 것이다. 인간은 모두 자기 보존에 관심을 기울이고 죽음을,

그것이 폭력에 의한 것이든 자연적인 것이든 간에 모든 수단을 동원해 피해야 할 가장 나쁜 것(*summum malum*)이라고 생각한다.

홉스의 역동적 물질주의는 두 가지 방식의 환원주의를 내포하고 있다. 홉스는 우선 인간의 의식 및 행위의 언어를 몸과 그 움직임의 언어로 축소 및 환원시켰다. 그 다음 윤리와 사회의 언어를 욕구와 관심의 언어로 환원시키고, 욕구와 관심의 언어는 다시 운동하는 물체의 물리학적 언어로 환원되었다. 당시의 과학 모델과 범주를 이용해 철학의 전통적 분과인 윤리학 및 정치학을 과학화시키고자 했던 홉스의 시도는 그의 물질주의적 심리학과 심리학적 윤리학으로 이어졌다. 물질주의적 심리학은 정신의 고유한 현실성을 제거하며, 심리학적 윤리학은 보편적인 규범을 부정한다. 법과 의무, 덕과 선행에 관한 보편적 언어는 홉스에 있어 경향과 관심을 기술하는 언어의 차원으로 환원되었으며, 이 기술적 언어는 다시금 기계적 인간의 물리학적 운동법칙을 기술하는 언어로 환원되었다. 이로써 물리학은 윤리학의 토대를 설명하는 학문이 되었다 : »윤리학은 물리학에 의거해 다루어져야 한다. 윤리학에서 우리는 정신의 운동, 즉 욕망, 혐오, 사랑, 편안함, 희망, 두려움, 분노, 질투, 질시 등의 정신적 운동을 고찰하고 이것의 원인은 무엇인지, 그리고 이것이 원인이 되어 어떤 일이 일어나는지 등을 고찰한다. 영혼의 이러한 흥분상태를 물리학에 의거해 연구해야 하는 이유는 이들이 물리학의 연구대상인 인지과정과 관념을 통해 일어나기 때문이다.≪[33]

이 인용은 정치철학과 윤리학을 인식체계의 주요 구성요소로 발전시킨 홉스의 과학적 사고를 엿보는 데 중요한 단서가 된다. 홉스가 충분히 자세하게 설명한 과학적 인식체계의 개념과 관련해서 홉스의 정치철학은 그의 이론 및 방법론적 기초와 상관없이 이해되어야 하며, 홉스의 인간관은 일관성 없는 이분법적 인간관으로서 하나는 물리적 범주에 의해 구성된 과학적 · 현대적 인간관이고, 또 다른 하나는 정치철학적 논쟁을 뒷받침하는 데 필요한 도덕적 · 속세적 인간관이라는 레오 스트라우스(Leo Strauss)의 유명한 주장은 타당성을 얻을 수 없다.[34] 일관성이 결여되어 있다는 스트라우스의 주장은 홉스 철학을 전반적으로 관통하고 있는 환원주의적 성격을 평가절하한다. 홉스의 철학이 추구하는 바는 도덕의 기본 현상들에 역학적 · 자연주의적 인간관과 조화를 이루는 새로운 해석을 덧붙이는 것이었으며, 인간의 속세에 관한 도덕철학의 용어에 새로운 의미를 부여하여 인간의 본성과 자연상태에 대한 도덕적 구분을 모두 배제하고 국가 설립의 긍정적 측면을 확인하려는 것이었다. 홉스의 도덕철학은 그의 물질주의적 심리학의 한 부분이다. 좀더 정확하게 말하면, 전통적 도덕철학의 위상은 홉스의 물질주의적 심리학 속에 용해되어 있다고 보아야 한다. 홉스에 있어서는 운동하는 물질세계 외에 도덕적 세계가 따로 존재하지 않으며, 도덕적 의무나 객관적으로 인정될 수 있는 계명 같은 것도 존재하지 않는다. 오직 선호하고 추구하는 경향과 회피 및 혐오라는 두 개의 심리적 기본 움직임이 있을 뿐이다. 선이나 악, 추함 등과 같은 개념은 객관적 도덕 의미를 지니는 것이 아니라 어디까지나 주관적 심리에 관한 것이다.

심리적 주관주의라는 홉스의 명제가 미치는 범위를 올바로 짐작하고자 한다면 우리는 가시적 물질들 뿐만 아니라 행위와 상태도 기피되거나 추구된다는 사실을 명심해야 할 필요가 있다. 그밖에도 도덕철학의 기초 이론으로서의 심리적 주관주의는 도덕과 관련된 모든 감정과 정서, 생각들을 자기 중심적으로 재구성할 것을 요구한다. (이로써 우리의 도덕적 신념이 얼마나 뒤틀려 있는 것인가에 대해서는 다음과 같은 의미왜곡 현상에 잘 나타나 있다 : »고결한 명성이 경멸되는 것을 우리는 수치스럽다고 말한다. 타인의 잘못으로 인한 걱정에 대해 유감이라는 표현을 쓰고, 이때 걱정은 똑같은 잘못이 우리에게도 일어날 수 있으리라는 생각에서 생긴다.«[35] 두 개의 개념을 새롭게 정의한 이러한 서술은 도덕과 관련된 우리의 정서 및 감정이 관심의 기능이라는 것을 명백히 나타내고 있다 : 수치스러운 행동은 더 이상 도덕적으로 비난받아야 할 일이 아니라 지혜롭지 못한 일이다. 왜냐하면 고결한 명성의 사회적 영향력을 경멸하는 것은 매우 심각한 정도로 지혜롭지 못한 행동이기 때문이다. 그리고 유감이라는 표현은 솔직히 말해 잘못한 사람에게가 아닌 우리 자신에게 해당되는 말인데, 그 이유는 우리도 모두 그러한 잘못으로 인해 고통받을 수 있다는 생각으로부터 나온 말이기 때문이다.) 우리는 또한 해석적 가정을 거부하는 것과 그 해석적 가정이 자기이해와 조화를 이루어 해석된 철학을 용인하는 것을 혼동하지 말아야 한다. 두 개의 환원전략이 모두 성공했다고 인정할 이유는 별로 없다. 홉스는 정신활동과 사건을 점진적으로나마 물리학적으로 재구성하는 데 성공하지 못했고, 도덕철학의 입장에서 심리적 주관주의는 옹호되지도 못했다. 환원주의적 입장에 대해 오늘날의 논의에서 매번 제기되는 문제를 우리는 홉스에 대해서도 제기해야 한다. 즉, 정신영역과 도덕 및 규범의 영역은 모든 과학적 동기에 의해 유도된 환원주의에 강력하게 반발하여 울타리를 치고 있다.

홉스 철학의 방법론적 · 인식론적 전제는 그의 인간관에도 매우 극단적으로 개인주의적 성격, 원자적 성격을 부여했다. 극단적 개인주의를 필자는 홉스가 주장한 명제, 즉 인간은 사회형성 및 사회적 결합과 무관하게 따로 떼어 이해될 수 없으며, 인간과 인간의 연합을 이해하기 위해서는 인간을 사회형성 이전의 조건들과 연계해서 이해해야 한다는 생각을 일컫는다. 홉스는 관념적으로 또 존재론 및 인식론적으로도 자연적 인간에 대해 자연적 인간으로 구성되는 사회보다 더 큰 우선순위를 부여했다. 인간은 인간적인 한 사회적이다. 따라서 사회에 대해 인식되는 모든 것은 자연상태의 인간을 연구함으로써 얻어진다. 인간은 사회적인 한 인간적이지 않다. 이 명제가 맞는다면 우리는 인간을 오직 사회에 대해 관념적으로만, 즉 존재론과 인식론의 사회적 예속성에 의거하여 발견하게 될 것이다.

서술적 · 사회적 개인주의로서의 홉스의 가정은 옳지 않으며, 우리에게 너무도 큰 이해의 부담을 지운다. 개인주의의 관점은 언어의 사용이나 자의식처럼 우리가 오직 사회적 맥락 속에서만 획득될 수 있다고 믿고 있는 인간의 기본적 특징들을 숨쉬기나 걷기, 먹기 등의 행위처럼 자연적 특징으로 간주할 것을 요구한다. 개인으로서의 인간의 성격은 개인화와 사회화 과정이 상호작용하여 만들어낸 변화 가능한 결과이다. 여기에서 사회성이 차지하는 비중을 걸러내는 것은 인간을 알 수 없게 만드는 것을 의미할 것이다. 그러나 홉스는 이와 반대로 사회성이 차지하는 비중을 알아내려는 노력은 인간에 대한 합리적 개념 이해를 결코 방해하지 않을 뿐만 아니라, 오히려 인간의 본성을 이루고 있는 것은 무엇이며 어떠한 특징들이 모여 조화를 이루고 있는지 등에 관한 인간의 본성을 탐구하는 노력은 오직 사회성에 관한 연구가 이루어질 때에만 가능하다고 주장했다. 개인화 과정의 고유한 발달단계에서는 상호 작용을 필요로 하지 않는 본질이 버섯처럼 존재하기 때문에 홉스는 그의 인간학의 주인공을 »양송이«에 비유하여 »갑자기 땅위로 솟아올라 어떤 사회적 관계도 없이 저절로 성숙해 가는 것«[36]이라고 표현했다. 이 비유의 핵심은 인간의 모든 본질적 특성은 내재적 특성으로서, 어떤 대상이 그 자체로서 다른 대상과 어떤 유형의 관계도 맺지 않고 저절로 갖추는 것으로 간주될 수 있다는 것이다. 특히 사회인류학이 상호 작용의 특징이라고 주장하는 인간의 모든 특성을 홉스는 자연상태의 인간이 가지는 성격이라고 간주했다.[37]

홉스의 사상에 있어 사회와 역사는 인간의 마음과 이성 속에서 자라는 것이 아니라 언제나 외부 대상세계로 남아 있을 뿐이다. 개인에 의해 짜여진 직물은 언제나 표면적으로만 남아 있어서 개인에게는 다만 주관적 관심과 선호도의 빛 속에서만 모습이 나타날 뿐, 인간의 발전을 위한 구성적인 것으로 고찰될 수 없다. 마찬가지로 홉스는 사회적 맥락도 관습적 가치 및 특징을 나타내고 동질성을 형성하는 가치로 인정하는 것이 아니라 관심을 충족시켜 주는 기능으로서만 그 가치를 인정하는 것 같다. 개개의 주관적 · 원자적 개인 외에 존재하는 것이라고는 유용성 관계 및 도구적 가치뿐이고, 권력과 비교할 수 있는 세계만이 존재하므로 사람들은 그 속에서 타인을 짓밟고 권력경제 속에서 서로를 평가하고 점쳐진 잠재적 권력의 정도에 따라 서로를 견제한다. 필자는 이어서 홉스의 인간관에 나타난 권력의 역할을 연구함에 있어 사회에 대한 이 전략적 환원을 상세하게 다룰 것이다.

홉스의 인간관과 그 기저를 이루는 사회이론은 상호주체성 또는 상호 인정관계를 전혀 주장하지 않는다. 그의 과격한 개인주의는 개인을 완전히 폐쇄시켜 사적 관념의 세계와 두려움의 세계 속에 가두어 버렸다. 원자적 개인은 서로 바깥에만 머무르며 서로 불투명하다. 그들은 폐쇄적 존재로 만날 뿐이고, 모든 것을 정확하게 계산하고 있으며, 가장 최악의 것에 대해 두려움을 가지고 있다. 이 불투명한 개인성으로부터는 어떤 소통적 틈새도 만들어지지 않으며, 폐쇄적 개인성은 상호 소통과정을 통해서도 사라질 수 없다. 그 이유는 의사소통을 기저로 하는 상호주체성을 설정하는 것은 홉스 이론의 언어로는 허용될 수 없기 때문이다. 이것을 분명하게 해주는 것은 급진적 개인주의가 가지고 있는 언어이론과의 관련성이다. 홉스에 있어 언어는 일차적으로 사적 용도를 위한 표현집합으로서 사유의 내용을 명명하는 표기 시스템일 뿐이다 : »사유내용은 흔히 기억으로부터 쉽게 미끄러져 번거로울 때가 있지만, 그것을 표시하는 낱말을 이용해 다시 기억 속으로 불러들일 수 있다. 이렇듯 우리는 기억을 표시하기 위해 명칭을 필요로 한다.«[38] 이로써 언어의 역할은 홉스에 있어 생각의 교환, 지식전달 그리고 학문과 문명의 완성을 촉진하는 도구의 의미에 지나지 않는다.

그러나 홉스의 언어이론은 옳지 않다. 그의 언어관은 의미이해와 언어사용에 대한 잘못된 이미지를 전달할 가능성이 있다. 의사소통의 사실은 언어지표를 외부로 드러내는 홉스의 모델에 따르면 주체들 상호 간의 접근 불가능한 사유내용을 명시적으로 표현하지 못할 뿐만 아니라, 개인적 사고가 내적으로 명명된다는 상상도 견고하게 만들어 주지 못한다. 그러나 이 자리에서 당시 17, 18세기의 언어철학과 맥을 같이 하고 있던 홉스의 언어철학에 대한 부실함을 지적하는 것이 우리의 주제는 아니다. 중요한 것은 홉스 언어이론의 징후적 성격이다. 급진적 개인주의라는 기본 입장을 견지할 때 홉스는 언어도 개인의 발명이라는 내재적 특징에 따라 형성되었다고 설명할 수밖에 없었을 것이고, 의사소통은 개개인의 사유와 의식상태를 표현하기 위한 의미체계 및 기호묶음이 외적으로 드러난 파생으로 묘사할 수밖에 없었을 것이다.

오늘날 실천철학의 한 분과 가운데에는 의사소통 중심의 언어활동의 개별 발화를 존재근거의 차원으로 격상시키려는 강력한 흐름이 관찰된다. 이때 언어는 원칙적으로 소통목적에 초점을 맞춘 것으로 이해된다. 그러나 홉스 철학의 특징은 언어에 대한 그의 설명과 평가 어디에서도 의사소통의 차원이 나타나지 않는다는 사실이다. 언어에 대한 숙고는 홉스로 하여금 그의 급진적 개인주의의 전제를 수정하도록 하지 못했으며, 각 개인에 숨어 있는 개인성과 이와 관련을 맺고 있는 모든 사회적 관계 및 사회적 덕목을 권력관계 및 권력기능으로 축소시키는 것이 서로 상반되는 입장이라는 것을 수정하도록 하지 못했다.[39] 오히려 홉스 철학은 이 전제를 더욱 강화했으며, 결국 사적 언어의 의미이론 및 도구화된 언어용법, 즉 자기 주장과 권력 확대를 위한 투쟁 및 갈등을 극복할 수 있는 소통 가능성에 대한 언어의 다양한 전략적 사용 가능성을 무시하는 입장으로 전락하고 말았다. 홉스는 특히 명령의 발화행위를 부각시키면서 »우리는 명령하고 또 명령을 이해할 수 있다«고 말했는데, 이것은 그에게 »언어가 가지는 최상의 선행«이었다. »왜냐하면 언어의 이런 선행이 없다면 인간공동체도, 평화도 그리고 결국 규율도 존재하지 않을 것이고, 오직 야생성과 고독 그리고 거주지 대신 은신처만이 존재하게 될 것이기 때문이다.«[40] 이로써 정치적 »승인«의 언어형식이 결정되었다. 그것은 바로 정치세계의 시작에 명령이 있었고 명령-복종이라는 언어놀이를 통해 정치 세계는 구성되고 유지된다는 것이다.

인간을 다른 것과 구분짓는 특징으로서 우리는 전통적으로 이성을 꼽아왔다. 홉스의 인간관에도 물론 이성의 개념이 나타나 있다. 여타의 다른 의식영역이나 의식활동에도 해당되는 것이 이성에도 해당된다. 그것은 바로 이성도 인간의 운동 시스템의 한 분과이며, 전체적으로는 물리학의 개념으로 재구성될 수 있다는 것이다. 이성이 지배하는 곳에는 외부에서 조종하는 본능과 성향의 메커니즘이 직접 다가갈 수 있는 가능성이 더 이상 없다. 이성이 지배하는 곳에는 또한 사고의 거리 및 차별화된 상황인식 및 상황비교가 존재한다. 행위를 유발하는 선호경향과 관심이 무력해진다기보다는 요구와 회피라는 기본 원칙이 여전히 유효하게 남아 이성은 다만 충족행위와 기피행위의 방법을 규정한다. 홉스가 주장하는 이성의 성격은 다양하다. 이성은 우선 기억과 경험으로서 상황인식을 풍부하게 하고 최상의 행동양식을 찾는 데 필요한 정보체계를 확대시켜 준다. 이성은 또한 우리의 선호경향을 통제하며, 냉정한 계산을 통해 인식된 상황을 여러 선택 가능성이 있는 사안으로 이해하여 적절한 선택을 하도록 돕는다. 이성은 또 수단의 비용도 계산하며 여러 가지 부수적 결과에 대해서도 예민하다. 행위판단에 있어서 이성은 과거의 경험을 현재화하고 미래의 관심사를 고려하면서 감정의 인과적 충족기계의 현재성을 과거와 미래의 차원으로까지 확대시킨다. 이성은 실제로 미래를 의식하는 것이며, 중장기적으로 또는 직간접적으로 충족전략을 구사할 수 있다. 그밖에도 이성은 앞을 내다볼 수 있는 선견을 가지고 있으며, 결과를 예언하고 어떤 것을 예방할 수도 있다. 이성은 다가올 것과 가능한 것을 계산하라고 가르친다. 우리는 이성을 가지고 있기 때문에 미래의 배고픔을 배고프다고 알 수 있고,[41] 움직이는 기계로서의 인간이 복잡한 인과 개념을 가지게 되어 자극-반응 도식을 넘어서서 예상 가능한 욕구와 관심 및 기대, 그리고 두려움 등에 대처할 수 있는 힘을 부여받는다.

이성이 관장하는 영역은 목표가 아니라 수단을 형성한다. 이성은 수단을 찾고 수단을 발명하며 여러 주어진 수단 가운데 적절한 하나를 선택하지만 목적을 평가하지는 않는다. 이성은 또 칸트 철학이 일반화 가능성의 부재를 비난하지 않은 것과 마찬가지로 목적을 비난하지도 않는다. 목표란 홉스에 있어 자연상태의 인간에게 귀속되는 운동법칙이거나 또는 이 운동법칙에 의해 획득된, 구체화하고 세분화하는 어떤 것이다. 이성의 임무는 오직 목표가 실현되도록 하는 것으로서 이것은 다음과 같은 세 가지 거리두기를 통해 이루어진다. 우선 인지상황의 현실성 및 미래의 발견으로부터 거리를 두고 다음으로는 행위의 사실성과 선택 가능성이 열려 있음을 발견하는 것으로부터 거리를 두고 마지막으로 사유의 객관성을 위한 거리두기가 필요한데, 이것을 통해 인간은 비로소 직접성에 대한 금기를 깰 수 있으며, 사유의 거리두기를 통해 인간은 자신의 목표를, 그것이 자연적 절박함을 나타내든 사회적으로 획득되고 매개된 것이든 자신과 분리시킬 수 있다. 이 삼중 거리두기를 바탕으로 인간은 자신의 선호경향에 순위를 매길 수 있고, 관심사를 실현시키기 위해 경험에서 터득한 이성적 계산, 즉 결정이론에서 보편적 최대화로서의 계산이라고 부르는 계산을 할 수 있다.[42] 이 계산의 목적은 경험에서 터득한 결과예측과 다가올 요구사항을 바탕으로 이용 가능한 모든 행위 옵션의 관점에서 가장 성공적인 전략을 찾아내고 최상의 행동양식을 고르기 위해 상황과 무관한 비용–효과를 계산하는 것이다. 오늘날 우리는 홉스의 이런 이성관을 베버(Weber)의 목적이성론과 동일시할 수도 있고, 호르크하이머(Horkheimer)의 도구적 이성관을 설명하는 대표적 예로 간주해도 좋을 것이다. 그리고 이들의 이성관에 공통적으로 나타나는 것은 효과의 최대화와 손실의 최소화를 이성의 특징으로 규정하고 있다는 것이다.

홉스의 이성은 물질계에서 기술적 합리성으로 나타나고 인간세계에서는 전략적 합리성의 모습을 취한다. 이 합리성은 양쪽 모두 전제된 목표를 대할 때 수단의 최적화와 효과의 최대화를 목적으로 한다. 기술적 합리성과 전략적 합리성의 차이는 다만 사회적 행위맥락 속에서 최대효과를 이루는 사람은 자연관계 속에만 있는 사람과 달리 목적을 위해 이용한 수단 자체가 최대의 효과를 이룬 장본인이라는 데 있다. 홉스가 주장하는 이성의 개념은 사회적 행동을 »도구화 과정의 반추적 상호성«[43]으로 환원시켰다. 인간을 우리 자신에 있어서 뿐만 아니라 어떤 경우, 어느 시대에도 결코 수단이 아닌 목적으로 대하라는[44] 칸트의 유명한 정언명령의 명제와 달리 홉스의 이성은 인간이 다만 서로를 수단으로 간주하고 필요로 할 것을 요구한다. 정확히 말해 홉스의 이성관에 대해 우리는 그것이 결코 칸트의 이성관이 요구한 것과 같은 것을 요구한다고 말할 수 없을 뿐만 아니라 홉스의 이성관은 절대적 계명도 제시한 바가 없는데, 그 이유는 홉스의 이성은 자연적인 행동 프로그램으로서 여타의 다른 자연적 특성처럼 조련되고 개선될 수 있는 것이지만—자기 보존이라는 관심사를 위해서도 절실하게 요구되는—다만 행동을 결정하는 계획으로 작용하기 때문이다. 홉스에 따르면 인간은 누구나 전략적으로 행동할 수밖에 없다. 기계적 합리성과 전략적 합리성은 모두 목적합리성과 구분되는 이성형식에 대해 어떤 여지도 허락하지 않는 인간의 본성에 속한다. 방법론적 편의로부터 요구되는 이성의 자연상태화는 그것을 목적에 부합하는 수단의 차원으로 환원시키고, 자연스럽게 혐오하고 추구하는 역학적 본능에 대해 운동 시스템에 내재하는 통제방식으로 환원시키는 조건에서 일어날 수 있다. 따라서 홉스의 사상으로부터 탈존재론 및 자연법 사상을 읽어내려고 하는 시도는 처음부터 방향이 잘못 잡혀진 해석이다. 왜냐하면 탈존재론 내지 자연법 사상은 수용자에게 도덕적 요구와 정의에 따를 명령, 즉 자연적 목적 합리성과는 근본적으로 다른 종류의 이성을 전제하고 있기 때문이다. 필자는 자연상태를 설명하는 장에서 소위 자연적 법칙이라 불리는 개념을 다룰 때에 이 문제를 다시 한 번 언급할 것이다.

전략적 행위의 특징으로 언급된 »도구화 과정의 상호성«은 모든 행위주체가 자신의 목적을 실현하기 위한 수단으로 상호 행위의 상대방을 이용하는 의도를 가지고 있는 것처럼 상호 행위의 상대방도 그의 목적을 실현하기 위해 자기를 상대로 행위한다는 사실을 정확하게 알고 있다는 것을 의미한다. 상호 행위에 참여하는 사람들은 서로를 다만 수단으로 접하기 때문에 각자의 관심사를 관철하는 수단 또는 방해하는 수단으로 서로를 이용한다. 이로써 교환과 경쟁은 전략적 합리성이 갖는 두 가지 기본적인 상호 행위형식이라는 것이 증명된다. 그리고 보다 힘센 사람이 경쟁에서 승리하고 교환상황에서도 자기에게 유리하게 비용을 결정할 수 있으므로 인간의 기본적 관심은 보다 많은 권력을 차지하는 것이라고 말할 수 있다. 홉스가 보는 인간은 이성에 의해 필연적으로 권력적 존재가 된다. 이성은 목적에 유용한 수단을 세심하게 마련하는 능력에서 나타나며, 모든 가능한 상황에 대해, 즉 현재의 배고픔에 대해서 뿐만 아니라 미래의 배고픔에 대해서도 조치를 취할 준비가 되어 있다. 다시 말해 이성은 권력을 차지하고자 하는 노력을 통해 드러나는데, 『리바이어던』의 제10장 첫 구절은 다음과 같은 유명한 말로 시작한다 : »어느 한 사람의 권력은 일반적으로 말해서 앞으로 괜찮아 보이는 것을 얻기 위해 그가 현재 가지고 있는 수단을 말하며 흔히 본래적이거나 목적을 위해 쓸모 있는 것이다. 자연적인 권력이란 남들보다 월등한 장점, 즉 미모, 영리함, 세련됨, 달변, 우아함 같은 뛰어난 신체적 능력 및 정신적 능력을 말한다. 목적을 위해 쓸모 있는 권력이란 자연적 권력에 의하거나 또는 우연히 얻어진 것이지만 더 많은 권력을 차지하기 위한 수단 및 도구로 이용되는 권력을 말한다 [⋯] .«[45] 이 구절에 나타난 권력의 개념이 얼마나 광범위한 것인지 우리는 주목할 필요가 있다. 홉스는 개인의 목표를 실현하기 위해 소용될 수 있는 모든 것을 개인의 잠재적 권력으로 간주했을 뿐만 아니라 개인의 자연적 소질, 능력 및 특성들도 권력수단으로 보았다. 권력이라는 용어에는 수단의 범주에 포함되는 모든 것이 해당되며, 이러한 평가관점은 본인의 고유한 신체 및 고유한 자연적 성격에 대해 어떤 두려움도 가지지 않는다.

»권력«과 »도구적 이성«은 서로를 의지한다. 권력은 대체로 도구적 이성의 대상이고, 권력을 획득하는 문제는 이성의 주된 관심사이다. 권력과 이성은 근대의 초기 정치사상에 나타나는 기본 개념들이다. 이 두 가지 개념 속에는 근대적 · 개인주의적 세계관이 반영되어 있다. 권력은 우선 마키아벨리에 있어 하나의 중요한 테마였다. 마키아벨리 이전 시대의 정치철학은 권력을 언제나 윤리적으로 정의되어 있는 행동범위 및 의무영역과 결속된, 불가피한 통치도구로 이해하고 폭력을 사용하는 권력을 정치세계의 주변부로 내몰았으며, 이론적 관심이 적용될 수 없었던 한계상황을 위해 권력을 필요로 했다. 반대로 근대의 초기 정치사상에서는 한계상황이 관심의 초점에 놓이게 된다. 다시 말해 한계상황은 이제 정치적 행위의 문법을 알게 해주는 정치세계의 한 모델로서의 위치를 점유하게 된 것이다. 군주를 해체시킨 작품으로서 1513년에 출간된 마키아벨리의 악명 높은 저서 『공리』

(*Principe*)에는 정치적 행동모형이 하나 제안되어 있는데, 이것은 행동할 수 있는 권력을 주장하고 그것을 확대하는 것을 목표로 삼고 노골적으로 권력을 긍정하며 권력의 극대화를 자신의 목표로 삼아 결과적으로 폭력도 더 이상 금기시하지 않는 행동모형이다. 마키아벨리의 군주에게는 더 이상 정의로운 공동체를 구성하고 그것을 올바로 관할해야 할 의무가 없다. 군주는 이제 모든 윤리적 속박으로부터 해방되었고, 권력을 행사하려는 개인적 관심만을 드러낸다. 통치세력은 관습 윤리적인 지위의 위엄성을 상실하고 누구나 폭력을 행사해서라도 자기 것으로 만들고 싶어하는 흠모의 대상이 되어버렸다. 그리고 마키아벨리는 이 새로 등장한 정치세대의 조언자로서 도덕적 요구를 완전히 무시하는 통치기술을 설계했으며, 그 통치기술의 핵심은 권력의 극대화와 행동권의 획득이라는 규칙에 의해 형성된 것이었다.

이론가로서의 홉스는 이중적 일반화 과정을 통해 실용주의자 마키아벨리를 멀리 뛰어넘고 있다. 군주 조언자로서 거칠 것 없던 마키아벨리가 권력자에 대해 영리한 정치원칙이라고 표현한 것이 과학적 철학자이자 과격한 철학자였던 홉스에 있어서는 인류학의 보편원칙으로 묘사되어 있다. 그것은 다름 아닌 인간 그 자체가 본질적으로 권력적 존재라는 주장이다. 권력적 존재란 권력이라는 범주 하나에 의해 행동하는 주체라고 정의될 수 있으며, 비교되는 권력세계 속에서 끊임없는 권력축적을 통해 스스로를 강화하려 하고 자신에 대한 평가 및 타인을 평가하는 기준도 오직 권력의 논리와 권력의 경제학을 통해서만 얻으려는 존재를 말한다. 홉스에 있어 권력 확장의 전략은 주체적 · 근대적 개인이 자신의 도구적 이성을 사용하는 공식이며 권력이라는 개념도 논증적 설명의 예들과 리바이어던의 모든 기본 개념 및 가르침으로 엮여 있는 홉스의 정치철학에서는 관념적 포커스가 되어버렸다.

»[…] 언제나 새로운 권력을 추구하는 계속되는 부단한 노력을 나는 오직 죽음으로써만 끝날 수 있는, 인류 전체의 보편적 충동이라고 생각한다.«[46] 자주 인용되는 이 구절은 흔히 잘못 이해되어 왔다. 사람들은 이 문장을 인간의 근대적 개인주의 성향의 원칙에서 이해하기를 주저했다. 대신 이 문장은 홉스의 권력적 존재에 대한 확대된 개념이 연상작용으로 후퇴되어 제한적으로 이해되었다. 홉스가 묘사한 인간의 용모는 마키아벨리식의 군주의 모습이나 셰익스피어 작품에 나타나는 악인의 모습으로 나타나 있다. 사람들은 냉소적이고 침울하게 나타나 있는 인간의 모습에 대해 도덕을 운운하며 한탄하고 리비도(Libido)의 지배를 받는 무의식에 의해 끊임없이 추구된다는 인간의 권력욕을 마치 프로이트

(Freud) 이전에 홉스가 발견했다는 식으로 심리분석학적 태도를 취하기도 했다. 그러나 도덕적 해체와 감정적 상태를 배제하고 위의 인용을 적절하게 이해하려는 체계적 맥락에서 보면 이러한 모든 해석은 타당한 것으로 확인되지 않는다. 우리는 홉스가 과학적 방식을 강조한 철학자라는 것을 기억해야 하고, 이 인용문의 급진적 성격에 주목해야 한다.

보다 많은 권력을 그것도 끊임없이 추구하려는 인간의 보편적 성향에 대한 홉스의 서술을 우리는 그의 정치철학에 관한 체계적 전제지식 및 역동적 물질주의나 물질적 심리학에 대한 전제지식 없이도 추론할 수 있다. 권력을 추구하는 인간의 부단한 노력에 전제되어 있는 것은 우선 인간은 물리적 존재형식에 의해 적절하게 기술되는 기계, 즉 모든 기술적 · 도덕적 기본 요소들로부터 벗어나 있는 자연스런 환경에서 움직이는 기계 및 운동하는 기계에 지나지 않는다는 점이다. 또 한 가지 전제되어 있는 것은 인간은 여타 다른 동물들도 구사하는 움직임을 필요로 할 뿐만 아니라, 이성이라는 고유한 특징을 가지고 있어서 현재의 욕구를 만족시키기 위해 노력할 뿐만 아니라 미래에 필요로 하게 될 욕구 때문에 불안해지기도 하며, 현재의 욕구충족을 미래의 욕구를 충족시키기 위한 적극적 활동으로 이용할 줄 아는 능력도 가지고 있는 매우 복잡한 운동기계라는 사실이다. 세 번째로 전제되어 있는 것은 권력은 미래의 편안한 상태를 보장하기 위한 현재의 수단이라는 것이다. 네 번째로는 인간에 있어 미래는 인지적으로 파악되는 것이 불가능하며, 미래에 대한 기대와 불안에는 언제나 주관적 개연성이 결부되어 있다는 것인데, 주관적 개연성은 사실 언제나 필연적인 기본 행위임에 틀림없는 것으로서 인간이 살아 있는 한 권력을 증대시키고 유지하려는 노력을 결코 멈추지 않으리라는 불가피한 논리는 이 주관적 개연성으로부터 추론된다.

홉스의 인간관은 멕베드식의 무도한 행위에 의해서가 아니라 미래에 대한 불안에 의해 규정되었다. 권력에 대한 요구, 더 많은 권력에 대한 인간의 예방적 노력은, 인간은 우선 요구하는 존재이며 또 앞날을 걱정하는 존재라는 사실에 그 이유가 있다. 욕구충족을 추구하는 존재이자 미래를 염려하는 존재인 인간은 언제 어느 때든 자신의 욕구가 충분히 만족될 수 있고 그 만족도가 평화의 시대 및 문명발달 시기에도 한결같이 유지될 수 있도록 자신의 삶을 형성해 간다. 결과적으로 미래의 욕구충족을 위한 계획이 수립되는데, 그 이유는 »인간의 욕구대상은 어느 시기에 한 번 즐길 수 있는 것이 아니라 미래의 욕구충족을 위해서도 방해받지 않는 것을 말하기 때문이다. 그러므로 인간의 모든 고의적 행위 및 선호경향은 만족스런 삶의 상태를 만드는 것이 아니

라 만족스러운 삶을 지속적으로 보장하려는 데 맥락이 닿아 있다.≪[47]

첫 번째 순위를 차지하는 인간의 욕구를 도덕철학에서는 그 실현이 직접 의도되었거나 적절한 수단을 이용해 직간접적으로 실현될 수 있는 욕구라고 표현한다. 반대로 그 실현이 직접 의도되지 않았거나 특정 장소 및 특정 시간에 대해 어떤 명백히 의도된 행위에 의해서도 실현될 수 없는 것은 두 번째 순위를 차지하는 욕구에 해당된다. 예컨대 행복에 대한 소망은 두 번째 순위에 해당되는 욕구이다. 홉스는 행복에 대한 욕구와 권력이 서로 밀접한 관계에 있다고 보았다. 우리는 행복에 대한 소망을 오직 권력의 극대화 과정에서 합리적으로 대응시킬 수 있다. 우리는 다른 모든 이들과 마찬가지로 행복하기를 원한다. 그러나 우리는 행복을 노력의 대상으로 만들 수는 없다. 왜냐하면 행복은 어느 특정 만족상태, 즉 어떤 것을 가지고 있음을 의미하는 것이 아니라 가능한 한 지속되는 광범위한 만족상태 속에서 사는 것을 의미하기 때문이다. 따라서 행복은 가능한 한 지속될 수 있고 또 가장 광범위한 만족상태에 도달하기 위해 수단을 극대화시키는 행위가 추구되는 한에서만 우리 행위의 대상이 될 수 있다. 그러기 위해서는 욕구를 충족시키기 위한 방법에 가능한 한 최소의 방해물이 끼어들기만을 바라고 주의해야 한다.

욕구충족을 위한 행위를 하는 데 방해물이 적으면 적을수록 만족상태는 더 오래, 더 광범위하게 지속될 수 있다. 이제 행복의 비밀은 적당히 소망하고 영혼을 안정시켜 욕망의 역동성을 통제하거나 꺼버리는 데 있는 것이 아니라, 만족상태가 내용적으로나 시간적으로 확장될 수 있다고 확신하는 데 있다는 것을 우리는 알게 되었다.

행복과 권력의 관계에 대한 이러한 개념적 설명은 고전적 세계 및 그것을 반영하는 윤리학과 현대적 세계 및 홉스 사상이 다루는 철학적 관념화 사이에 존재하는, 화해할 수 없는 깊은 심연을 명백하게 드러내는 데 적절한 수단이 될 수 있다. 홉스는 근대의 자율적 개인의 삶은 더 이상 자기 만족과 금욕, 초연한 무감동에 대한 에피쿠로스와 스토아의 관념에 따라 정돈될 수 없다는 것을 분명하게 인식했다. 고전시대의 삶의 지혜는 속박에서 벗어난 근대인의 불안을 치유할 수 없다. 근대의 인간이 생각하는 행복의 조건은 인간의 본성에서 도래하는 것으로서 행복은 »만족하는 영혼의 안식«이 아니다. »그 이유는 고대 도덕철학서에 등장하는 마지막 목표(*finis ultimus*)라든가 최상의 선(善, *summum bonum*)이라는 것이 더 이상 존재하지 않기 때문이다.«[48] 전통적 삶의 방식에서 인간의 삶 전체를 통합하는 내용적 목표 설정은 홉스에 이르러 무한히 연속적인 양적 목표 설정으로 바뀌게 되었다. 삶 전체를 포괄하는 통합적 인생관은 엄격하게 미래 지향적인 인생관으로 대체되어 삶이란 원칙적으로 미완성이며 열려 있는 것이라고 파악하게 되었다. »흔히 말하는 최상의 행복 또는 최상의 목표는 이 삶에서 찾을 수 없다. [⋯] 그러나 가장 위대한 선행은 멀리 있는 목표를 향해 언제나 쉬지 않고 전진하는 것이다. 욕망 자체를 즐기는 것은 우리가 그것을 즐기고 있는 동안 우리의 욕망이 된다. 다시 말해 즐기는 정신 자체가 우리가 즐기는 대상을 부분적으로 사로잡게 된다. 왜냐하면 삶은 끊임없이 움직이는 것으로서, 움직임이 길을 잃고 전진하지 못한다면 삶은 다만 그 속에서만 맴돌 것이기 때문이다.«[49] 최상의 선(善, *summum bonum*) 대신 홉스는 최대의 선(*maximum bonum*)이라는 표현을 썼다. 플라톤은 성취에 만족하지 못하고 더 많은 것을 요구하는 태도를 과욕(Pleonexie)이라고 불렀다. 동시에 그는 그러한 태도를 병적인 악덕이라고 표현했다. 과욕이라고 표현된 삶은 잘못 영위된 것으로서 실패한 삶이다. 근대적 개인을 표방하는 홉스의 철학은 그러나 과욕을 병적이고 극악한 것이라는 매도로부터 해방시켰을 뿐만 아니라, 인간의 본성이 가지고 있는 구조적 특징으로서 이것을 재발견했다. 다시 말해 인간은 자신의 이성을 이용함으로써 관심사를 충족시키기 위한 합리적 기본전략으로 과도한 욕심을 발전시킨다는 것이다.

인간은 권력 자체를 얻기 위해 권력을 추구하지 않는다. 인간은 점점 더 많은 권력을 가지려고 하고 »그 이유는 인간이 이미 도달된 것보다 더 많은 것을 즐기려고 하거나 적당한 권력에 만족할 수 없기 때문이 아니라 안락한 삶에 필요한 현재의 권력과 수단이 추가적 권력의 획득 없이는 보장될 수 없다고 생각하기 때문이다.«[50] 권력은 운신의 자유를 확대하는 데 도움이 된다. 즉, 권력에 대한 욕망은 권력수단을 최대화하려는 욕망이다. 권력에 대한 욕망은 삶의 환경이 가지는 불확실성에 못을 박으려고 하고 자연 및 사회의 우연성을 예방차원에서 무력화시키려고 하기 때문이다. 행복한 상태를 방해하거나 지속적 만족상태를 유지하는 데 걸림돌이 될 수 있는 예측 불가능성 및 방해요소, 간섭 등을 최소화하기 위해 우리는 권력에 집착한다. 권력은 미래의 불확실성을 최소화하려고 하며 운명을 무력화시키고 싶어한다. 믿을 만한 객관적 결과를 제공하고 수학적 · 기술적 학문의 입장에서도 매력적으로 보이는, 초기 근대 철학의 특징인 확실성에 대한 노력은 홉스의 인간관에 바탕을 둔 삶의 모델에서도 이론의 여지없이 확연하게 드러난다. 근대 초기 철학을 수학적 자연과학의 방법론으로 이끈 동기나, 인간으로 하여금 끊임없이 권력을 추구하도록 만든 동기나 결국은 안전성 확보라는 동일한 동기이다.

도구적으로 이용하는 이성을 권력을 얻는 데 이용하는 것은 인간을 하나의 딜레마에 빠뜨린다. 권력은 그 자체가 목적은 아니지만 권력에 대한 욕망은 필연적으로 자기 참고적이다. 권력은 필요함을 채우기 위해 시작되지 않는다. 권력은 수단을 마련하는 기능을 넘어 언제나 스스로를 원해야 하고, 스스로를 확고히 하고 지속시키는 데 관심을 가져야 한다. 권력에 스며 있는 목적합리성의 법칙은 변한다. 인간의 소망과 목표는 뒤로 물러나고 권력이 그 자체로 목적이 된다. 여기에서 권력은 돈과 똑같은 성격을 가지게 된다. 자본에 대한 마르크스의 유명한 보편원칙에 따르면, 돈은 자기 평가과정의 주체가 됨으로써 원래 가지고 있는 가치보다 스스로의 가치를 더 높은 것으로 인정한다. 권력도 이와 마찬가지로 일단 축적의 과정에 들어가면 스스로 이 과정의 목표이자 주체가 되어 원래 가지고 있는 권력보다 끊임없이 더 많은 권력을 요구하는 존재가 되어 스스로를 강력하게 만든다.[51]

권력은 토마스 홉스가 볼 때 무한히 아무런 방해요소도 받지 않는 도구가 될 수 있다. 권력을 제한할 수 있는 도덕적 · 사회적 특수 영역이 존재하지 않기 때문이다. 권력이 인지하는 모든 것은 권력에게 유리하게 도구적으로 쓰일 수 있고 수단이 될 수 있다. 목적에 부합하는 안정성이나 자기목적성의 견고함을 갖는 것은 더 이상 아무 것도 없다. 실제로 관찰해 보면 물질세계는 오직 수단으로만 가득 채워져 있는, 소용될 수 있는 세계로 변한다. 세계가 오직 수단으로만 이루어졌다는 생각은 자기 중심적 관점에서만 생각될 수 있다. 그렇지 않으면 이 생각은 아무 의미가 없다. 개개의 인간에게 바깥 세계 전체는—이성을 포함하는 본성과 사물세계 전체, 그리고 모든 다른 개인들 및 그들 사이에 존재하는 사회적 관계 등—유일한 수단창고가 되어버렸다. 이와 같은 입장에 대한 인식론적 상대이론은 유아론(唯我論, Solipsismus)이 될 것이다. 유아론 또는 독아론(獨我論)은 자신의 고유한 의식만을 유일하게 실존하는 것으로 여기고 다른 모든 것은 —그것이 자신의 신체가 되었든, 외부 물질세계든 여타의 다른 주체든 상관없이—인식대상이 없는 관념, 즉 착각이라고 간주한다. 주체와 객체로 구성된 외부 세계, 즉 인간이라는 물체와 비인간이라는 물체로 구성된, 세계와 유아론의 목적을 따르는 개인 사이에 존재하는 관계는 도구적 이성의 합목적성 원칙에 의해서만 규정될 수 있다. 목적 기여성은 결과적으로 여타 다른 주체의 특징과 사회적 관계를 판단하는 유일한 기준이 된다. 사람은 누구나 타인을 수단의 관점에서 관찰한다. 인간은 사회 전체를 평가함에 있어 전략적 가치만을 염두에 두거나 자신의 관심사와 목표를 실현하는 데 소용될 수 있는 유용성을 기준으로 평가한다. »인간의 가치와 유용성은 모든 다른 여타의 물질과 마찬가지로 나름대로의 가치가 있다. 다시 말해 나름대로의 가치란 인간이 자신의 권력을 이용하는 데 얼마를 지불해야 하는가에 따라 결정되기 때문에 절대적인 것이 아니라 그 외의 다른 여타의 것에 대한 수요와 평가에 달려있으므로 상대적이다.«[52]

홉스가 여기에서 경제학적 범주를 사용한 것은 우연이 아니다. 권력은 돈과 마찬가지로 보편적 등가기능을 갖는다.[53] 돈의 관점에서는 무엇이든 살 수 있는 물건이 되고 무엇이든 측정될 수 있다. 모든 것은 돈의 단위로 표현될 수 있고, 비교될 수 있으며, 개괄적으로 정돈될 수 있다. 권력도 이와 마찬가지다. 권력의 관점에서 보면 모든 것은 필요 가능성과 사용 가능성의 범주에 들어온다. 권력의 단위로 모든 것은 표현될 수 있고, 비교될 수 있으며, 개괄적으로 정돈될 수 있다. 권력의 도식 하에서는 가장 상이해 보이는 것들도 서로 비교되어 가치가 매겨진다. 사적인 측면을 권력에 숨기고 있는 개인들 사이에는 보편적으로 인정되는 권력의 관점에 의해 균질하게 비슷해진 사회세계가 확장되기 시작하는데, 이 세계는 누구에게나 외적으로는 똑같아 보이지만 모든 사회형식을 전략적 협동과 경쟁이라는 두 가지 사회행위의 방식으로 환원시킨다.

홉스가 볼 때 사회적 관계는 권력관계에 있어 매우 일반적이다. 비대칭적 관계뿐만 아니라 대칭적 관계, 즉 평등한 관계도 권력관계로 이해되며, 권력의 전략적 가치에 따라 판단된다. »우정은 미덕이다. 왜냐하면 우정은 쓸모 있기 때문이다. 우정은 특히 안정감을 주는 데 기여한다.«[54] 아리스토텔레스에 있어 우정은 감정적인 것이었으며, 사회적 공동체에서 중요한 내적 가치를 지니는 것이었다. 우리도 보통은 아리스토텔레스와 마찬가지로 우정의 대상과 공동 관심사를 나누는 집단을 굳이 구분하지 않는다. 그러나 홉스에 있어서의 우정은 오직 바깥으로만 드러나 있는 권력 연합이다. 개인은 그가 속해 있는 사회의 사회적 관계에 따라 내부적으로 규정될 뿐, 개인은 그가 속해 있는 관계를 떠나서는 스스로를 이해할 수 없다는 생각은 홉스의 사상에 결코 나타나지 않는다. 이러한 생각은 홉스가 볼 때 윤리적 의미를 가지고 개인의 정체성을 확인하는 사회공동체의 내적 가치를 인정하지 못한다. 홉스에 의하면 사회적 관계는 반드시 바깥으로 드러난 성격에 따라 규정된다. 사회적 관계를 맺고 있는 모든 사람은 엄격하게 말해 오직 외적 관계를 맺고 있는 것이며, 자신의 고유한 사적 관심을 위해 이용 가능성의 관점에서만 사회적 관계를 고찰한다.

인간은 권력에 대해 많이 신경 쓴다. 그리고 이러한 태도 속에 인간의 자연적 이성이 모습을 나타낸다. 그러나 권력의 지속성과 확장성을 염두에 두지 않으면서 권력에 대해 신경 쓸 수는 없기 때문에 인간은 끊임없이 자신의 권력을 강화하고 넓히려고 노력한다. 다니엘 디포(Daniel Defoe)의 이야기책 『로빈슨 크루소』에서 알 수 있듯이 권력 축적의 이러한 원칙은 외로운 상황에 처한 삶에도 적용될 수 있다. 물론 홉스는 권력 확장의 원칙에 대해서 사회적 삶을 염두에 두었다. 그에게 중요한 것은 한 개인의 삶에 대해 사회이론이 이끌어낸 필연적 결론을 자연권력의 관점에서 분명하게 설명하고, 어떠한 사회적 토대가 인간의 본성으로부터 유도될 수 있으며 인간은 서로 어떻게 관계를 맺어야 하는지, 그리고 인간이 천성적으로 권력 극대화의 전략적 행위를 추구하는 존재라면 어떤 종류의 사회적 삶을 인간이 영위해야 하는가를 보여주는 데 있었다.

인간의 삶은 유한성을 통해 특징지워진다. 그리고 유한성이라는 조건은 필연적으로 빠듯함의 조건이다. 인간에게 중요한 모든 것은 모두 넉넉하지 않고 빠듯하다고 여겨지는 것들이다. 인간에게 남아도는 것은 없다. 인간의 수명도 빠듯하게 한정되어 있다. 우리 모두 언젠가는 죽지 않는가? 욕망의 대상이 되는 물질도 역시 빠듯해서 이를 얻기 위해서는 다른 이들과 경쟁해야 하고, 또 이미 얻은 소유물은 큰 비용을 치러서라도 타인으로부터 보호해야 한다. 누구나 원하는 물질에 대해서 뿐만 아니라 그것을 획득하고 안전하게 지키는 데 필요한 권력도 빠듯하게 정해져 있다. 따라서 우리는 모두 각자 서로 권력을 놓고 경쟁해야 하며, 획득된 권력을 타인으로부터 보호해야 한다. 그러므로 인간은 태어날 때부터 이중적 경쟁관계에 놓여 있다. 먼저 정해진 만큼만 존재하는 물질을 놓고 서로 경쟁해야 하고, 또 넉넉지 않은 권력을 놓고 서로 경쟁해야 한다. 그리고 무언가 빠듯하게 주어져 있을 때에만 그것을 보다 많이 가지는 것이 의미가 있다. 만약 넘치듯 남아도는 것이라면 타인이 얼마를 가지고 있든 우리 모두에게 아무 상관이 없을 것이다. 과도한 욕심을 부리는 것은 이때 아무런 의미도 없고 이해될 수도 없는 헛된 노력이 될 것이다. 타인보다 많이 소유하는 것은 오직 그것이 빠듯하게 한정되어 있을 때에만 의미가 있다.

물질이 남아도는 상태는 게으름뱅이의 천국이라 불릴 수 있을 것이다. 권력의 잉여상태라고 이름붙일 수 있는 상태를 그러나 우리는 상상할 수 없다. 권력에 있어 게으름뱅이의 천국이라는 표현은 의미론적 근거에서 성립되지 않는다. 권력은 본질적으로 빠듯하게 한정되어 있다는 개념이다. 권력은 제한되어 있으므로 가치 있는 것이다. 권력은 한정되어 있는 어떤 것이므로 그것을 나눌 때 제로섬(Null-Summen) 게임의 원칙이 적용된다. 내가 획득한 권력은 누군가 다른 사람이 잃어버린 것이다. 누군가에게 권력 증대가 쓸모 있고 가치 있는 것이라면 그 이유는 자신의 권력 확장이 경쟁자의 입장에서는 권력의 약화를 의미하기 때문이다. 모두 똑같은 권력을 가지고 있다면 우리 모두는 무력할 것임에 틀림없다. 왜냐하면 권력이란 언제나 보다 큰 권력으로서만 영향력을 가지기 때문이다. »그러나 어떤 사람의 권력은 타인이 행사하는 권력에 저항력을 행사하고 그것을 방해하기 때문에 권력은 바로 타인이 가지고 있는 그것보다 더 월등한 것이라는 것을 의미한다. 서로 대립하고 있는 동량의 권력은 서로를 파괴한다. 그러므로 마주보고 있는 권력이란 투쟁과 싸움을 의미한다.«[55]

권력은 또한 명령법으로만 존재하며, 무엇보다 상대적으로 크다는 식으로 존재한다. 그리고 우리가 우리를 둘러싸고 있는 사회환경을 권력 경제학의 관점에서 관찰하는 한 비교성의 세계, 즉 내적 본질의 가치를 지니는 것은 더 이상 아무 것도 없고 모든 것은 그저 오직 유동적인 수요, 공급 놀이를 통한 비교에 의해서만 파악되는 저마다의 값으로 매겨질 뿐이며, 우리는 우월함에 대한 두려움과 이를 추구하는 노력에서만 남보다 나으려고 할 것이고, 남보다 후퇴하는 것은 모든 수단을 통해 저지하고 서로 끊임없이 감시하는 분위기에서 서로를 불신하면서 경계하는 사회 속에 살게 될 것이다. 이와 같은 비교성의 세계는 »권력시장«[56]으로서 모든 시장에 대해서와 마찬가지로 모든 것의 가치가 외부의 필요와 평가에 의해 결정된다는 원칙이 적용될 수 있다. 이로써 한 개인을 둘러싸고 있는 사회가치는 그 높낮이가 외부 계산의 합에 의해 결정되는 권력가치라는 것이 분명해진다. 권력의 토대 형성에는 언제나 권력에 대한 견해들도 참여한다. 그리고 권력에 대한 일반 대중의 의견에 귀를 기울이는 것을 물질적 권력수단에 대해 염려하는 것 못지않게 중요하게 생각해야 한다. »권력의 명성 속에 서 있는 것 그 자체가 권력이다.«[57] 사회의 상업적 영역에서는 실재(Sein)와 가상(Schein) 모두가 중요하다. 가상이 실재로 간주된다면 가상은 실재로서의 가치를 얻어 관념을 형성하고 행위를 주도하는 사회적 현실로 작용한다. 우리는 우리의 비쳐지는 모습, 즉 가상에 신경을 써야 한다. 왜냐하면 상징이 개입하는 사회적 여론에서는 가상이 순수한 실체로 간주되기 때문이다.

주체로서의 개인이 서로 이해하지 못하고 대립하는 상황에서 서로에 대해 권력 경제학적으로 평가를 매기는 권력 경쟁에서의 삶은 홉스의 용어에 따르면 »경주«이다. 권력 경쟁의 비교 세계에서 산다는 것은 홉스의 철학 기초서에 다음과 같은 운문형식으로 정의되어 있다 :

경주는 첫째 자리에 서는 것 외에 어떤 다른 목표도
어떤 다른 명성도 알지 못하네
그리고 그 속에는 힘써 얻어라
경주의 감각을 믿어라
타인은 그 뒤에서 자부심을 보고
당신은 그 앞에서 비굴함을 본다
뒤돌아보면 길을 잃는다, 허영심
남은 것은 미움
뒤돌아 가면 후회
호흡은 희망을 담고
절망은 피곤하다
타인보다 높게 날고 싶은 욕망, 질투
욕심으로 대체할 것인가 외면할 것인가
예견된 방해를 극복하려는 결심, 용기
갑자기 대면한 방해는 분노를 부르고
쉽게 극복하고 싶어하는 고상함
별것 아닌 방해물 때문에 길을 잃는 소심함
소망은 갑자기 눈물로 떨어지고
타인의 소망은 갑자기 웃음으로 변하는 것을 본다
원치 않았지만 우리는 누군가 정복되는 것을 보았다, 동정심
원치 않았지만 우리는 누군가 승리하는 것을 보았다, 분노
단단히 붙들린 사랑
우리를 지탱해 주는 어떤 이의 도움, 네 이웃을 사랑하라
넘치는 질투로 스스로를 망치다, 수치
정복되는 것은 언제나 불행

타인을 정복하는 것은 언제나 행복
그리고 경주를 포기하는 것은 죽음을 의미하지.[58]

모든 설명에 만족하지는 않았지만 홉스는 여기에서 근대적 삶의 경쟁법칙과 과욕(Pleonexie)의 법칙을 분명하게 표현했다. 여기에는 또한 전통사회의 윤리적인 내용으로 가득한 정서를, 경쟁관계 속에서 고유의 삶을 상대적 가치로 평가해 본인의 현주소를 알려주는 위치 지시체로 변형시킨 개인주의도 나타나 있다.

필자는 이제 인간학 장을 마무리하면서 홉스 연구에 있어 소위 맥퍼슨–문제라고 일컬어지는 문제를 다루려고 한다. 맥퍼슨–문제란 홉스 연구의 영향력 있는 해석가 맥퍼슨(Macpherson)이 그의 유명한 저서 『소유의 개인주의 정치론』(*The Political Theory of Possessive Individualism*)에서 경제학, 역사 그리고 과학적 철학 개념이 맺고 있는 관계가 홉스에 있어 우선 선결되어야 할 중요한 과제라고 지적한 데서 비롯한다.[59] 홉스의 정치철학은 그 방법론적 인식론적 전제조건에 기인할 때 인류학적 기초를 제공하고 있음은 물론, 정치철학의 타당성 있는 논거를 유지하고 그에 대한 설득력 있는 증거를 제시할 수 있을 뿐만 아니라, 홉스 이론의 일반적 입장과도 모순되지 않는 인간 본성에 대한 독자적 이론을 발전시켰음에 틀림없다. 인간의 본성에 대한 이론은 그러나 흔히 특정 난제들과 결부되어 있다. 인간 본성에 대한 이론은 우선 두 가지를 요구한다. 첫째로, 이 이론은 역사성과 연속성을 추상화하는 과정에서 인간의 모든 본질적 특징을 따로 떼어내어 고찰하려 하고 모든 문화적 특수성이 배제된 순수하고 보편적인 인간의 모습을 그려내고자 한다. 둘째로, 이 이론은 인간의 보편적 특질을 탐구함으로써 도덕철학, 사회철학 및 정치철학 이론에 대한 풍부한 내용을 제공하는 논증의 기초를 마련하려고 한다. 그러나 이와 같은 두 가지 입장은 동시에 충족될 수 없다. 모든 역사적 규정으로부터 벗어나 있고 객관적으로 보편타당한 인간의 본질을 탐구하는 것은 도덕철학, 사회철학 그리고 정치철학이 논증하고자 하는 목표에 대해서는 별 상관이 없다. 반대로 철학적 논증목표에 관계되는 중요한 인간 본질 및 인간 형상을 얻으려는 노력은 모든 역사적으로 축적된 규정으로부터 자유로운 보편타당한 인간론에 대해 별로 상관이 없다. 달리 표현하면, 모든 역사적 규정으로부터 배제되어 있는 보편적 인간상이란 오직 자연과학의 틀 안에서 논의될 수 있을 뿐, 철학 및 사회과학이 지향하는 목표와는 완전히 무관하다. 철학의 맥락 및 사회과학의 맥락에서 그려진 인간의 모습은 필연적으로 역사적 · 문화적 축적물을 담고 있다. 이 이론이 추구하는 보편 인간은 언제나 시간의 자식이다. 보편 인간상 속에는 언제나 당시의 사회 흔적 및 당시 처해 있던 문화의 결과가 발견된다. 이것은 물론 홉스의 이론에도 해당된다. 이와 같은 통찰이 이 장 초반에 소개된 전통적인 정치적 인간관과 근대의 정치적 인간관을 비교한 데에도 이론적 기초로 작용했다. 홉스의 인간관은 바로 보편적 인간관을 추구한 이론의 결과가 아니라, 근대라는 시대적 성격을 강하게 담고 있는 인간관이라는 전제 하에서만 전통과 근대의 정치적 인간관을 대비시키는 일이 의미가 있다.

이제 이론과 역사의 관계에 대한 문제, 마르크스의 용어를 빌리자면 사회와 상부구조 사이의 보다 정확한 관계에 대한 문제가 대두된다. 맥퍼슨(Macpherson)은 홉스에서 로크에 이르는 광범위한 정치철학의 해석의 틀 안에서 인간의 본성에 대한 홉스의 설명이 17세기 영국 사회의 기본 특징으로부터 도출될 수 있었는데, 그 특징은 »사유재산 시장사회«[60]였으며, 홉스로부터 어떤 사회적 모델을 도출하는 것이 가능하다는 가설을 제기했다. 이 가설에 따르면 홉스는 맥퍼슨이 소유 개인주의라고 명명한 이론, 즉 사유재산을 추구하는 시민에 대한 진보적 이론의 선구자로 간주될 수 있을 것이다. 이미 수용사적 가치를 인정받고 있는 맥퍼슨의 이 가설은 그러나 옳지 않다. 그의 주장 가운데 어느 한 부분도 옳다고 인정될 수 없다. 맥퍼슨 해석의 사이비 요소는 바로 홉스 철학이 동시대와 맺고 있던 관계를 천박한 마르크스 이론의 경제학으로 한정시킨 데 있다. 홉스에 대한 맥퍼슨의 이해는 홉스 철학이 과학과 기술, 사회와 경제, 정치와 종교에서 나타나기 시작한 근대성 구성요소들에 대해 지각변동에 비할 수 있을 만큼 예민하게 반응한 것을 폄하하고 단순 인과관계로 치부했으며, 홉스가 이 모든 새로운 근대적 성격의 타당성이 인정될 수 있도록 자신의 생각을 커다란 체계로 완성하여 개념적으로 표현하려고 한 독창적 상상력을 간과했다. 맥퍼슨의 가설은 홉스의 보편 과학 개념에 대해서도, 특수한 평화이론의 과제설정에 있어서도 타당성을 인정받을 수 없다. 맥퍼슨은 홉스의 엄밀한 반(反)자연법 입장을 설명할 수 없다. 맥퍼슨의 해석은 권력이라는 개념이 미치는 파장을 무시하고 홉스 텍스트에 나타난 권력이라는 원문표현을 사유재산의 권력과 동일시했다. 맥퍼슨의 해석은 또한 홉스의 시민종교전쟁의 경험 및 홉스의 정치철학을 증명하는 내용에 미친 그 경험의 결정적 영향을 적절하게 설명할 수 없을 뿐만 아니라, 정치철학에 있어 소유 개인주의의 입장과 어떠한 공통점도 없는 홉스의 독자적 위치를 이해시킬 수 없다. 앞으로 보게 되겠지만 홉스가 생각하는 국가는 로크의 그것과 달리 사유재산가의 국가도 아니고, 사유재산의 수단으로서의 국가도 아니며, 다만 사람의 국가, 평화의 도구로서의 국가이다. 사유재산권에 속박된 개인주의자로서의 국가 리바이어던은 홉스에 있어 상상할 수도 없다.

맥퍼슨의 소유 개인주의적 해석방향은 처음부터 홉스 정치철학의 급진성을 놓치고 있다. 홉스는 당시 시대를 개념적으로 파악하고 당시에 일어나고 있던, 아무도 듣지 못한 변화의 움직임을 새로운 개념들로 정착시켰다. 변화를 주도한 선구자는 결코 »부르주아«도 재력가도 소유 개인주의자도 아니었으며, 변화의 주제도 사유재산의 정치가 아니었다. 변화의 주인공은 오히려 근대적이고 자립적인 구속에서 벗어난 개체로서의 개인이었으며, 그들의 관심사는 전반적으로 이 근대적 인간에게 새로운 이론적 · 실질적 세계관계 및 이 관계의 추상적 조건들, 그리고 무엇보다 사회화 과정이 결여되어 있는 원시 공동체 의식으로부터 오는 모든 종류의 도움에 관한 것들이었다.

3. 정치철학 : 계약론에 관한 논쟁

『리바이어던』은 국가의 형성과정을 설명한 책이다. 이 설명의 기본 요소와 자료에 대해서는 홉스의 정치적 인간학을 논하는 자리에서 이미 소개했다. 『리바이어던』에 나와 있는 설명 논리의 핵심은 계약론에 관한 논쟁으로서, 이것은 인간학에서 전개된 자연상태의 개념을 배경으로 절대주권 국가권력의 계약적 토대를 설명하는 근거가 되고 있다. 계약에 관한 논의는 정치학만큼이나 오래되었다. 사회계약에 대한 최초의 흔적을 우리는 이미 기원전 5세기, 즉 소피스트의 계약적 사회철학에서 발견할 수 있다. 계약과 협정에 의해 인간의 사회화 과정과 법률질서의 확립이 이루어져야 하고, 인간공동체의 구조와 목표는 이 계약에 의한 관습질서로 규범이 매겨져야 한다는 것은 그리스 계몽시대의 기본적 확신이었다.

중세시대의 정치사상에도 계약의 개념이 들어 있었다. 단체법의 의미에서 국민 전체와 통치자 사이에 체결된, 통치의 조건과 복종의 한계를 명시하는 통치계약의 형성과정에도 계약의 동기가 전반적으로 발견된다. 여기에서 법률언어는 계약이라는 개념을 이용하여 유동적으로 해석될 수 있는 설계도를 마련하고 있는데, 그 설계도란 백성과 통치자 사이의 상호 신뢰관계 및 신분제 국가의 이원적 분립체계에 있어 영주와 가신의 관계를 말한다. 이것은 상호성에 기반을 둔 중세시대의 법률관계에 상응하는 것으로서 중세시대 법률생활의 기본 구조를 나타내는 것으로 이해될 수 있다.[61] 현존하는 법률관계를 해석하는 이와 같은 해석학적 협정주의는 프로테스탄트와 가톨릭 군주권력 사이의 논쟁적 문헌과 17세기 영국 청교도의 국가정책 및 교회정책에 대한 이해에 있어 매우 중요한 의미를 차지한다.

근대 초기에 이르러서야 비로소 계약은 이론적 개념의 등급으로 격상되어 국가철학의 계약이론이 발달 · 전개되었다. 아리스토텔레스의 자연법적 목적론과 중세의 신분질서 관념이 체계적이고 규범적인 개인주의로 대체되고 점점 증가하는 시민화 과정을 통해, 그리고 국가와 비정치적 · 경제화 된 사회 사이의 대결이라는 사유의 공감대가 형성되면서 점차 구성적 협정주의가 완성되어 갔다. 그리고 협정주의는 논증전략의 세 단계를 제시하는데, 그것은 무정부적인 자연상태—계약—사회 또는 국가로서 이것은 오늘날의 정치사상에도 영향을 미치고 있다. 이러한 계약론의 발명자가 바로 토마스 홉스이다. 이 영국 철학자는 자신이 살았던 시기의 혁명적으로 변화하는 이론 및 실질적 세계관계를 파악하려고 노력함으로써 정치철학에 있어서의 협정주의에 대한 방법론적 · 인식론적 토대를 발전시켰다. 협정주의에 나타난 계약의 개념은 역사적 사건이 아니라 합법화 이론의 사상적 구조이다. 협정주의는 실제 역사적 진행을 객관적으로 서술하는 이론이 아니라 국가 통치권력의 개념을 전개하고 국가의 자주권을 규정하는 규범적 이론이다. 이와 같은 협정주의의 선구자는 근대의 자주적 개인으로서, 이들은 어떤 기존의 질서에도 구속되지 않는 원시의 비사회적인 개인들이다. 근대 세계 이해의 조건 하에서는 오직 개인의 의지에 의해서만 통치권력이 규정될 수 있었다. 개체로서의 개인과 대립되는 모든 사회형식, 기구들 그리고 권력의 질서 같은 것은 이차적인 것이었다.

국가의 통치권력을 계약이론을 이용해 정당화시키는 근거는 자유를 제한하는 정치질서의 본질이 통치권력에 복종하는 이들 스스로의 자발적 동의, 즉 그들 스스로 통치자로부터 자유를 제한받도록 동의했다는 데 있다. 무한히 자유로운 개인을 합법을 조장하여 스스로 제한하도록 만들고 지배권을 인정받도록 하기 위해, 다시 말해 누리는 자유에 대해 부담을 지워 정당한 국가 권력이라는 이론목표에 도달하기 위해 계약이론은 자연상태라는 명제를 발전시켰다. 모든 국가의 질서와 안전이 사라지고 누구나 무력을 이용해, 심지어 적당하다고 생각되는 모든 수단을 이용해 자신의 관심을 추구하는 상태는 각자가 각자에 대해 벌이는 가상의 전쟁상태, 즉 누구도 견딜 수 없는 전쟁상태로 몰아갈 것이라는 데 대해서는 증거가 제시될 필요가 있다. 계약을 통해 벗어나게 되는 자연상태라는 논거는 결과적으로, 인간은 지배권력으로부터 자유로운 국가 이전 상태에서 벗어나는 데 관심이 있으며, 공존과 평화를 보장하는 정치적 질서 및 권력으로 무장한 질서를 안정적으로 만들고자 하는 데 인간 본래의 관심이 있다는 것을 보여준다. 국가 상태를 만드는 데 필수적인 개인에 대한 자유 제한은 오직 상호성의 합리적 조건 하에서만 강요될 수 있는 것으로서, 이것은 오직 계약에 기초할 때만 가능하다. 그리고 이 계약에 의하면 자연상태의 인간은 타고난 본성적 자유에 따르는 책임과 정치적으로 복종할 의무가 있다. 통치권력의 지배를 받지 않는 상태에서 국가의 질서로 옮겨가는 과정이 필연적이라는 자연상태 이론의 견해가 관철된 이러한 계약은 개인들 사이에 맺어진 행위로서 사회계약 또는 지배계약이다. 합리적 개인주의자의 추상적 사회화 과정은 오직 사회를 감시하고 저항할 수 없는 권력수단으로 무장된, 계약내용을 보장하는 권력으로 작용하는 지배질서가 동시에 확립될 때에만 가능하다.

계약주의의 표어는 »volenti non fit iniuria« — »자발적 동의자에 대해서는 그가 동의한 사람으로부터 어떤 부당함도 받지 않는다«이다. 계약관계를 맺는다는 것은 계약적 합의에 기초하여 계약자 사이에 부여된 권력과 의무에 대해 동의하는 것이다. 그리고 이 동의가 자발적으로 이루어진 것인 한, 계약을 맺은 사람에게는 계약적 합의에 의해 도출되는 규범적 결과에 대해 불평할 권리가 없으며, 이것을 무조건 따라야 할 의무가 있다. 계약적 동의에 의해 권리와 의무의 정당성이 명백해지는 것은, 강요에 의해서가 아니라 자발적으로 계약을 체결한 사람이라면 그의 선의의 관심사를 보존하고 자신에게 손해가 될 수 있는 그 어떤 것에 관여하지 않으리라는 가정에 바탕을 두고 있다.

(1) 자연상태, 자연법 그리고 죄수의 딜레마

『리바이어던』의 제13장은 인간의 행복과 불행의 관점에서 »인류의 자연적 태생조건«(Naturall Condition of Mankind)이라는 제목을 가지고 있다. 이 장에서 홉스는 그의 자연상태 이론을 전개했다. 자연상태란 분석적 방법의 구성으로서 일종의 사유실험이자 추상적 산물이다. 이에 따르면 인간은 실험실의 객체로서 전형적인 행동양식을 가지며 특정 성격들을 갖추고 있는 존재이다. 인간은 또한 삶의 환경 속에서 온갖 종류의 제도적 규칙과 강제로 마련된 질서요소에 내던져져 있는 존재이다. 철학자는 다만 그러한 인간이 어떤 실제의 경험을 하며 그들이 서로 어떻게 관계를 맺고 행동하는지, 그리고 그 속에서 인간은 어떤 생각과 행동을 전개하고 어떤 유형의 공동생활을 도출해내는지 등을 관찰할 뿐이다. 철학자의 관심은 모든 외부의 행동제약적 규범이 없어질 경우 인간의 태생적 특징의 기초만 가지고도 인간이 자신의 욕구와 이성, 그리고 권력의 최대화 프로그램을 실현시키기 위해 어떤 안정적 상호 질서를 만들어낼 수 있는지, 그리고 인간의 본성 자체가 직접적으로 고유한 수단을 통해 사회화될 수 있는 능력이 있는가의 여부이다.

자연상태 이론은 그러나 인간의 본성이 어떤 경우에도 독자적인 사회화 과정의 자원을 가지지 못한다는 부정적 결론에 도달했다. 자연상태 이론은 인간의 본성만 가지고는 개체로서의 인간의 사회화가 불가능하다는 것과 우발적 권력의 토대 위에서 인간의 본성은 즉흥적 사회와의 조화도 허용하지 않는다는 것을 증명했다. 여기에 따르면, 어쩌다 우연히 만들어진 질서는 지속적 협력관계를 불가능하게 만드는 모든 종류의 불신 때문에 실패한다. 반면 우발적인 우세권력을 통해 생산된 질서는, 정치적 관련을 맺고 있고 또 질서가 만들어지도록 하는 비동등성을 배제하는 인간의 태생적 평등 때문에 실패한다. 자연상태 이론은 더 나아가 인간은 사회화 과정을 필요로 하며, 모든 개인은 오직 자신의 이익을 위해 평화적 공존을 보장하는 질서를 가져야만 하고 국가권력 및 법, 경찰의 부재시 인간의 행복도 보장될 수 없고 삶 자체가 위험에 빠지게 될 것이라는 것을 증명했다. 이로써 자연상태 이론은 인간의 기본적 자기 보존 관심이 인간을 자연 상태로부터 끌어낸다는 것과, 질서를 필요로 하는 인간의 욕구는 오직 인위적인 수단에 의해서만 충족될 수 있으며, 인간은 그 본성의 사회화 결함을 메우기 위해 고유한 수단을 발전시켜야만 하는데, 이것은 바로 다름 아닌 국가라는 인공적인 제2의 자연이다. 그리고 국가는 모든 사람들로 하여금 그들의 관심사를 평화적인 상태, 즉 자기 보존을 위해 더 이상 위험한 경쟁을 하지 않아도 되는 상태에서 추구할 수 있도록 허용한다.

홉스의 자연상태 개념의 중심 명제는 자연상태는 곧 전쟁상태라는 것이다. 자연조건 하에서 인간의 공동 삶은 전쟁상태의 성격을 갖는다는 가정은 다음과 같은 내용들을 전제로 하고 있다 :

1. 본질적 이기주의–인간은 자기 행위의 성공적 결과에 관심을 가진다. 인간은 자신의 의도를 방해받지 않고 실현시키고 싶어하며 자신의 관심사만을 추구한다. 인간에게 있어서는 자기 자신의 삶과 평안이 타인의 그것보다 중요하다. 인간의 기초적 관심은 자아를 유지하는 것이다. 그리고 이것은 삶 자체가 중요한 가치를 지닌다고 판단해서가 아니라 행복하고 성공적인 삶의 전제조건이 바로 생존이기 때문이다. 인간이 언제나 자신의 소망 및 행복에 대한 상상을 함

에 있어 내적으로는 삶과 자유를 서로 다른 생활전략의 동일한 선험적 조건으로 인식하게 되는 것은 우리 인간이 한계상황에 처했을 때에 비로소 가능해지는데, 한계상황이란 바로 정상적 삶의 행위에 대한 선험적 전제조건을 우리가 지키고자 할 때 우리에게 엄청난 힘과 노력을 요구하게 되는 상황을 말한다.

2. **한정성 때문에 불가피한 경쟁**－인간의 욕구충족은 피할 수 없는 이중적 한정성의 조건 하에서 이루어진다. 추구되는 물건뿐만 아니라 현재 또는 미래에 얻고자 하는 것에 필요한 수단도 한정되어 있다. 따라서 인간은 두 가지 관점에서 서로 경쟁자이다. 인간은 우선 원하는 물건을 놓고 경쟁하며, 또 그것을 얻기 위해 필요한 권력을 놓고 서로 경쟁한다. 인간의 욕구충족은 결과적으로 갈등의 법칙의 지배를 받는다. 물질과 권력이 한정되어 있는 조건 하에서 물질 중심적 소유욕구 및 권력에 대한 욕구는 갈등을 일으킬 수밖에 없다.

3. **경쟁 때문에 불가피한 적대적 감정**－자연상태의 경쟁자는 원칙적으로 폭력을 사용할 준비가 되어 있다. 그들은 서로 적이 된다 : »만일 두 사람이 서로 함께 공유할 수 없는 어떤 같은 대상을 놓고 경쟁한다면 그들은 서로 적이 되어 자기의 욕구를 실현하고자 함에 있어 다만 자기 보존 및 때

에 따라서는 오직 즐기기 위함에 지나지 않는 소모전을 벌임으로써 상대방을 파멸시키고 무력화시키는 데 모든 노력을 기울이게 될 것이다.«[62]

4. 공격적 불신 및 예방적 폭력행사에 대한 이성적 태도–인간에게는 이성이 있고 또 실질적인 선견이 있다. 인간은 장기적 전략을 개발하고 만일의 사태에 대비할 줄도 안다. 인간은 설계자이며 권력을 극대화하는 존재로서 다른 사람들도 자기와 마찬가지로 설계자이자 권력 극대화 존재이며, 역시 일관된 생각으로 유도하는 이성을 바탕으로 그들도 자신과 똑같은 두려움과 예방책을 가지고 있으며 자신과 동일한 갈등 대처 모델을 발전시키고 있다는 것을 안다. 공격적 불신이라는 전략이 점차 형성되는 것은 최악의 상황을 고려하고 타인의 권력에 대처하기 위함이다. 타인을 먼저 공격하는 것은 자신의 생존 가능성을 높인다. 타인의 평화적 태도를 낙관하는 것은 정말 어리석은 일이다. 스스로의 관심사를 충족시키는 데 유용하다는 의미에서 합리적인 것은 폭력을 행사할 준비가 되어 있는 태도이며, 칸트가 언급한 것처럼 »언제나 전투상태에 있는 태도이다.«[63] 자연상태의 조건, 즉 물질과 권력에 대한 무규칙의 자연경쟁적 조건 하에서는 권력수단을 축적하는 합리적 전략이 폭력행위 전반의 모든 가능성을 필연적으로 수용해야만 한다. »상호 불신 때

문에 인간에게는 스스로를 지키는 길 외에 다른 방도가 없다. 그리고 이것은 예방만큼이나 합리적인 태도이다. 다시 말해 폭력 및 비슷한 수단을 이용해 타인을 무력화시키는 것은 상대방을 위협하는 데 더 이상 효과적인 다른 좋은 방법이 없을 때까지 밀고 나가는 것을 의미한다. 그리고 이것은 자기 보존을 주장하는 행위이며, 일반적으로 용인되는 행동이다. 자신의 안전이 보장되는 것 이상을 요구하는 정복을 추구함으로써 권력을 행사하는 일을 매우 즐기는 몇몇 사람들이 있기 때문에 소박한 생활 속에서 만족하며 살아가려는 사람들은 공격을 통해 권력을 확장하지 않고 방어만 하는 것으로는 자신의 삶을 오랫동안 지탱할 수 없다.«[64]

»Homo homini lupus«—인간은 인간에 대해 늑대이다.[65] 토마스 홉스의 이 유명한 발언은 그의 자연상태 개념을 배경으로 할 때 이해될 수 있다. 여기에 표현되어 있는 것은 강박적 권력욕에 대한 비이성적 늑대의 본성이 아니라, 예방전략 및 폭력을 행사할 준비가 되어 있는 도구적 이성의 공격적 불신이라는 성격에 관한 것이다. 인간이 인간에 대해 늑대인 이유는 인간은 숙명을 따르고 이성을 가진 존재이기 때문이다. 그리고 인간에게는 개체로서의 일관된 성격 및 기질을 바탕으로 겸손한 인물이 되든 공격적 인물이 되든, 경건한 인물이 되든 악인이 되든 아무 상관이 없다. 인간은 이

성적 존재이자 자기 보존에 관심이 많은 존재이므로 늑대의 행동양식에 익숙해져야만 하며, 예상되는 폭력에 대해 폭력을 사용할 수 있어야 한다. 홉스는 위의 인용에서 자연상태에서는 도덕적으로 구분되는 폭력이란 존재하지 않는다는 사실을 분명히 했다. 폭력에 대한 도덕적 차이를 구분하는 것은, 사회제도와 무관한 순수 자연도덕의 실존을 믿지 않아서가 아니라 도덕에 대한 개념적 구분 자체가 공허한 것이기 때문이다. 강박적 성향의 공격적 지배욕구와 예방적 방어태도가 겉으로 나타나는 양상은 모두 비슷해서 구별되지 않는다. »나쁜 공격«과 »좋은 공격«을 구분하는 것은 불가능하다. 권력을 축적하지 않고 또 예상되는 폭력에 대해 폭력을 행사하지 않으며 다만 실제 폭력에 대해서만 반응하는 »단순 방어«로의 후퇴는 존재할 수가 없다. 자기 보존이라는 관심사를 이성적으로 인지하는 일은 부드러운 성격의 소유자들에 대해서도 무자비한 공격자처럼 행동할 것을 요구한다. 자연상태에 갇혀 있는 개인들 사이에서 균형을 잡아주는 합리적 원칙으로 작용하는 것이 예방적 폭력행사의 원칙이다.

자연상태의 한계상황적 특징은 결정이론에서 말하는 이성적 합리성의 이면형식만이 자연상태에서 타당성을 지닐 수 있다는 것을 통해서도 알 수 있다. 행위선택의 결과가 확실한 안전한 상황에서는 이익의 최대화라는 규칙을 따라 행동하고 가장 많은 이익을 얻을 수 있는 방식을 선택하는 것이 합리적이다. 개별 행위의 선택과 이에 따르는 결과에 대한 기대가 오직 주관적 판단의 개연성에 의해 결정될 수 있는 위험상황 속에서도 이익의 최대화 원칙을 준수하고 최대의 이익이 기대되는 방식을 선택하는 것이 마찬가지로 합리적이다. 그러나 불확실한 상황, 즉 개별 행위에 대해 기대의 개연성조차도 예상될 수 없는 경우에는 합리성에 대한 여러 가지 기준들이 있을 수 있다. 불확실한 상황에서 모험가는 물론 최대화 전략을 고수하고 소위 »최대화–규칙«에 따라 가장 유리한 상황의 이익을 최대화하려고 할 것이다. 보다 신중한 사람은 그러나 이때 반대로 »최소화–규칙«을 선택하고 불리한 상황의 손실을 최소화하려고 할 것이다. 자연상태의 극적인 조건은 그러나 자신에 대한 이러한 선택의 여지를 남겨놓지 않는다. 신중한 사람과 모험가 모두는 자연상태에서 동일한 행동양식을 보여야만 한다. 이것이 바로 폭력행사 형태에 대한 모든 도덕적 구분을 무마시키는 데 대한 합리성 이론의 대안이다. 이성은 모든 결정의 다양성을 삶과 죽음을 결정하는 것으로 환원시킴으로써 인간에게 어떤 선택의 여지를 허용하지 않는다. 모든 인간은 손실을 두려워하기 때문에 손실을 최소화하는 합리성 기준을 적용하여 불리한 상황의 단점을 최소화할 것이다. 자연상태는 이익 최대화

전략을 위한 장소가 아니다. 최대 권력화의 전략은 결코 이익의 최대화를 초래하지 않으며, 최대 권력화의 전략은 오히려 최소화 규칙에 이용당하는 형국이 되어 손실을 최소화하려는 의도에 의해 지배될 것이다. 매 순간 생존의 문제가 더 이상 위협받지 않고 원하는 물건이 남아돌고 다양한 결정상황 하에서 최대의 행복을 얻을 수 있는 행위 선택이 가능하게 되는 자연상태의 평화가 이루어질 때 비로소 권력 축적의 전략은 다시 이익의 최대화에 기여할 수 있게 될 것이다.

한정성 때문에 경쟁해야 하는 조건 및 경쟁하므로 적대화 되는 상황, 그리고 폭력을 행사함으로써 폭력을 예방하는 상황 등은 모두 보편적 삶의 상황이 갖는 자연상태에 전형적인 견디기 힘든 상황을, 합리성을 초래하는 상황으로 규정할 뿐 열정을 초래하는 상황으로 규정하지 않는다. 정치철학에 대한 자신의 초기 이론에서보다 더 강력하게 홉스는 『리바이어던』에서 자연상태의 갈등 성격을 도구적 이성이 숙명적으로 갖는 능력의 필연적 활동과 연계시키고, 주관적 합리성의 최고 상태와 객관적 비합리성의 최고 상태 사이에 존재하는 모순이라고 갈등구조를 소개했다. 이에 따르면 개인이 국가 이전의 불안정한 상태에서 자신의 합목적적 이성을 자기보존을 위해 철저하게 사용하면 할수록 자연상태의 갈등 성격은 점점 더 분명하게 드러날 것이며, 만인에 대한 위험상황은 더욱 강화될 것이고, 이로써 모든 공동의 삶의 조건이 더욱 비합리적으로 될 것이라고 한다. 전쟁상태는 맹목적 분노의 폭력에 의해서가 아니라 제어될 수 없는 권력욕 때문에 성립하며, 전쟁은 오직 합목적적으로 자기 보존의 관심만을 쫓는 인간들이 전략적으로 타협하지 못하기 때문에 일어난다. 그렇지 않다면 평화가 와해되는 최소한의 가능성조차 없을 것이다. 만약 인간의 이성이 갈등의 원인이 아니라 정열적 성격이 갈등의 원인이라면 홉스가 리바이어던에서 제시한 평화의 개념은 필연적으로 실패한 것으로 볼 수밖에 없을 것이다.

그러나 갈등의 원인에 대한 홉스의 설명이 언제나 논리적 인상으로 지탱되는 것은 아니라는 사실 또한 인정될 수 있다. 왜냐하면 홉스는 복수심, 공명심, 소유욕 같은 자연적 성격들도 갈등의 조건으로 빈번히 제시하기 때문이다. 그러므로 우리는 홉스를 읽을 때 두 가지 갈등이론을 서로 구분해야 한다. 해석학적 선한 의도라는 규율 때문에 해석자는 가장 강력한 독법을 제시해야 하는데, 가장 강력한 독법이란 해석되는 텍스트의 모든 본질적 입장들과 언제나 일치하는, 응집력 있는 해석을 제공하는 독법을 말한다. 그리고 또 명백한 것은 일차적으로 이성에 의해 규정되고 이차적으로 정열에 의해 강화된 갈등양상의 이론이 맹목적 정열과 본능적 욕구 및 권력중독을 인간의 반사회성 및 전쟁상태에 대한 원인으로 설명하는 갈등 개념보다 훨씬 강하게, 지금까지 조사된 홉스 정치철학의 이론적 전제들에 일치한다는 사실이다.[66]

5. 자연적 평등성–자연상태에 대한 지금까지의 논의에서 언급된 전제들은 자연상태 고유의 가시적 현상들로서 홉스가 인간의 본성에 대해 기술한 인간학적 특징들에 이미 소개된 것들이었다. 자연적 평등성은 그러나 자연상태를 다루는 장에서야 비로소 논쟁의 대상이 되었다. 그리고 자연적 평등성은 계약론 전반의 근거 확립 기능에 있어 매우 중요한 전제조건을 형성한다. 인간들 사이에는 본래 타고난, 자연적 평등성이 존재한다는 말은 일반적으로 자연은 인간을 »그 신체적 · 정신적 능력의 관점에서 보았을 때 서로 비슷하도록 창조했기 때문에 비록 분명 남들보다 강한 신체를 가지거나 뛰어난 정신능력을 가지고 있는 사람이 있다는 사실이 인정된다 하더라도 사람들 사이에는 모든 면에서 큰 차이가 없다는 것을 의미한다 [···].«[67]

자연상태에 대한 논의에 있어 중요한 것은 이와 같은 자연적 평등성이 위협의 대칭성을 내포하고 있다는 사실이다. 자연적으로 본래 타고난 승자도 없고 희생자도 없는 법이다. 인간은 누구나 타인에 대해 삶을 위협하는 존재이다. 여기에서 도출되는 결론은 자연상태의 갈등의 자연적 자기 통제는 근본적으로 지속적 평화질서로 이끌지 못한다는 사실이다. 갈등이 자연적으로 자기 통제되는 것은 다만 충분히 강력한 불변의 자연적 불평등이 존재하고 자연적 지배자와 피지배자 관계가 형성되고 본래의 불평등상태로부터 자연적으로 성장하는 과정에서 안정적 지배질서가 형성될 때에만 안정적 평화상태로 이어질 수 있을 것이다. 자연적 평등성을 가정하는 홉스의 자연상태 논의는, 스스로 안정되어 가는 자연적 불평등성을 기초로 하는 자연상태의 자기 만족 전략이 나아갈 길을 차단했다. 정치적 지배력은 오직 인위적 조작으로서만 존재하며, 모든 이들이 똑같이 원하고 생산한 강제적 질서로서 존재한다. 자연적 평등성은 또한 자연상태를 마감하는 계약체결의 논리적 선결조건이다. 오직 평등한 것들 사이에서만 계약이 존재할 수 있을 뿐이고, 불평등한 것들 사이에는 지배만이 있을 뿐이다.

홉스가 말하는 자연적 평등성은 로크(Locke)의 정치철학에 나타나는 인권의 평등성과 혼동되어서는 안 된다. 앞으로 보게 되겠지만, 홉스는 국가차원의 입법과 무관하게 규범적 타당성을 가질 수 있는 자연법의 규범 및 인권의 규범에 대해 알고 있지 않았다. 하지만 홉스의 태생적 평등성은 구조적으로 인권의 평등성과 거의 모든 면에서 상응한다. 두 가지 평등성 모두 결정적으로 반아리스토텔레스적 입장을 내포하고 있으며, 태생적 · 자연적으로 이미 규정되는 종속계층 및 타고난 지배계층이라는 개념을 철저하게 거부한다. 대칭적 위협상황을 생산하는, 자연적 가해자–희생자–평등성에 대한 홉스의 이론은 시민 평등주의 역사의 초기 단계에 나타나는데, 시민 평등주의는 고대의 고전적 정치철학 및 중세시대의 정치사상에서도 지극히 당연한 것으로 확신했던 자연적 불평등성, 즉 타고난 노예와 타고난 지배자는 따로 있다는 생각을 거부한다. »자신의 고유 권력을 자기 고유의 본성, 즉 자신의 삶을 유지하려는 의지에 따라 이용하고 결과적으로 자신의 판단과 이성에 의해 자신의 목적에 적합하다고 생각되는 모든 수단을 사용하는«[68] 자연적 권리 및 타고난 권리가 누구에게나 있다면 이 자연권이 각각의 개인에 대해 얼마나 문제시되든 상관없이 태생적인 것으로 인정되는 지배관계는 상정될 수 없다.

정치사상이 취하는 전통적 자연관과 근대적 자연관 사이의 커다란 차이점이 여기에서 다시 한 번 발견된다. 홉스 이전 시대에는 자연 자체가 정치적 역할을 담당했으며, 현존 사회상의 거울로 작용했다. 홉스 이후 시대에는 그러나 자연과 정치세계가 서로 구분되어 나타나며, 사회형식은 반사회적인 기구, 즉 자연의 내재적 결함을 수정하는 인간의 의지 및 관심의 기구로 형성되었다. 다수의 반대자와 전통적 기득권을 유지하려는 귀족계급도 포함되는 홉스의 이 신세계 속에서는 타고난 것으로 움직여질 수 없었던 중세의 신분제도가 더 이상 살아남을 수 없다. 사회세계는 이제 더 이상 자연이 정해준 위치의 체계로 인정될 수 없다. 급진적 개인주의는 사회를 변화시키고, 신분에 매이는 강제된 역할을 타파하며, 개인을 자기 스스로 책임지는 실존의 형태로 해방시켰다.—이제 홉스의 자연상태 논쟁으로 되돌아가자.

본질적 이기주의, 한정성 때문에 불가피한 경쟁, 경쟁 때문에 불가피한 적대적 감정, 예방적 폭력행사를 초래하는 불신 그리고 자연적 평등성이라고 위에 간략하게 소개된 전제조건으로부터 홉스는 자연상태를 개인이 개인에 대해 행하는 전쟁상태로 규정하는 명제가 성립한다는 데 확신을 가졌다. 이때 자연상태란 살육의 소음으로 가득한 상태를 의미하는 것이 아니라 불확실의 상태 및 불신과 공포의 상태를 말하는 것으로서, 그 속에서 개인은 서로를 감시하며 상대방이 자신에 대해 예방적 폭력을 행사할 준비가 되어 있다는 것을 알고 있는 상태를 의미한다. 왜냐하면 »전쟁의 본질«은 »실제 전투행위에 있다기보다 상대편에 대한 불안감을 가지는 동안 내내 전투행위를 행할 준비가 되어 있는 상태«[69]를 의미하기 때문이다. 전쟁상태에 대한 꼼짝할 수 없는 공포 속에서 문명의 발달은 정체되고 생존에 대한 노력은 모든 에너지를 남김 없이 소모해 버린다. 모든 여타의 실제 한계 상황과 마찬가지로 전쟁상태는 비생산적이다. 그 이유는 인간의 생산적 에너지는 생존욕구의 당위성이 언제나 보장되는 상황에서만 전개될 수 있기 때문이다. 인간의 자연적 평등성은 어떤 사람이 자연상태에서 지속적으로 유리한 위치를 점유하는 것을 방해하며, 자연적 우월성으로부터 만족을 얻는 것을 불가능하게 한다.

갈등상황 자체로부터는 모든 사람이 원하는 평화의 질서가 자라지 않는다. 홉스가 의미하는 자연상태에는 전쟁상태를 유지하는 데 관심을 갖는 승자가 없다. 그렇다면 인간은 왜 이 전쟁상황을 합의를 통해 끝내지 않는가? 평화 유지에 대한 상호 의무를 명시하는 계약과 약속, 합의의 그물은 왜 만들어지지 못하는가? 홉스는 자연상태에 관한 논쟁이 절대국가 주권의 필연성에 대한 통찰로 이어져야 한다고 믿을 뿐, 왜 합의에 의해 결정된 행동제약과 사회적 협동을 바탕으로 국가의 어떤 주도적 지배권도 어떤 강제적 시스템도 없이 전쟁상태가 극복될 필요가 있다는 인식에는 도달하지 못하는가? 무질서하고 있는 그대로의 갈등조정 상태를 합의와 관습에 따르는 조정국면으로 대체하는 것이 우리 모두의 관심사라는 것은 누구나 알고 있다. 그런데 홉스는 자연상태의 문제를 해결하는 데 왜 이토록 음울한 국가 철학적 답안만을 제시하고 사회 철학적 답안을 제시하지는 않았는가? 홉스는 왜 복종을 통한 해결방안을 선택하고 협동을 통한 해결방안은 거부했을까?

우리는 죄수의 딜레마라는 게임논리를 이용해서 이 질문들에 대한 홉스의 대답이 정확하게 재구성될 수 있다는 것을 보게 될 것이다. 게임논리라고 이름붙여진 이것은 결정이론의 한 분과로서 상호 작용상황 및 갈등과 경쟁 그리고 협동상황에서 어떤 결정이 이루어질 때 합리성의 조건을 연구하는 이론이다. 합리성을 분석하는 이 현대적 도구를 홉스의 정치철학에 적용하는 것이 성공할 수 있는 가능성은 홉스의 논거를 형성하는 이성 및 결정이론에서 말하는 이성이 모두 동일한 도구적 · 전략적 이성이기 때문이다. 홉스의 자연상태 논거와 그것을 논리적으로 구성하고 있는 계약주의에 대한 논증은 모두 게임이론의 전형이 되는 논거들이다. 홉스의 자연상태 개념에는 게임이론의 기초가 잘 드러나 있다.

필자는 예방적 폭력이 행사되는 과정에서 정점에 이르는 행동양식을 자연상태의 전략이라고 명명하는데, 이때의 행동양식은 자연상태라는 조건과 이성을 포함하는 인간의 자연적 특징을 바탕으로 해서 자기 보존에 기여하기 때문에 합리적이다. 자연상태의 전략은 또 여러 가지 단점들을 가지고 있다. 그것은 우선 삶의 모든 안락함을 저지한다. 자연상태에 살고 있는 사람은 누구나 자연상태의 전략에 대한 보다 유리한 대안, 즉 모든 사람이 원하는 삶의 안락함을 가능하게 해줄지 모르는 대안이 있다는 것을 알고 있다. 그리고 이 대안은 타인의 삶과 재산을 존중하고 자신의 관심사를 추구할 때에도 합의에 의해 결정된 규칙의 틀 안에서 추구하는 것을 말한다. 강제성을 띠지 않는 이와 같은 협동의 대안전략은 자연상태의 막대한 전투비용과 공격성향을 불필요하게 만들 것이며, 삶의 질의 향상과 문화 및 문명 수준을 한 단계 높이는 데 필요한 수단과 생산적 에너지를 자유롭게 발산하도록 해줄 것이다. 이로써 자연상태 구조에 대한 다음과 같은 기술이 가능해진다 :

1. 모든 (또는 거의 모든) 사람들이 자발적 협동의 대안전략에 익숙해진다면 이는 우리 모두에게 이로운 일이 될 것이다.

2. 만인에 대한 이러한 이익은 만약 모든 (또는 거의 모든) 사람들이 자발적 협동의 대안전략을 따르지 않는다면 주어지지 않을 것이다. 다시 말해서 일반적인 (또는 충분히 일반적인) 자발적 협동의 실천은 만인에게 유리한 상황에 대한 필요조건일 뿐만 아니라 충분조건이다.

3. 자발적 협동의 대안전략을 선택하는 것은 희생이 따

름을 내포하기 때문에 만약 모든 (또는 거의 모든) 다른 사람들이 자발적 협동의 대안전략을 따를 때 동일한 기본 조건하에서 그 대안전략을 따르지 않는 것이 어떤 사람에게는 최대한 이익이 될 것이다. 전체 논증구조를 결정하는 이와 같은 중요한 조건을 필자는 플라톤의 『국가』(*Politeia*)에 나오는, 불가시성을 부여하는 반지를 가진 리디아의 목동에서 이름을 따와 가이게스(Gyges)의 조건이라고 부른다. 반지를 낀 가이게스가 갖는 불가시성이라는 장점은 무임승차자의 이점과 구조적으로 비슷한 것이라는 점은 분명하다.

4. 협동전략과 결부되어 있는 희생은 상응하는 이익과 비교하면 사소한 것으로서 모든 (또는 거의 모든) 사람들이 협동전략을 선택했을 때 누구나 누리는 이익에 비하면 사실 보잘 것 없는 것이다.

5. 협동전략을 실행하기로 결정했을 때 본인에게 가장 손해가 되는 경우는 모든 (또는 거의 모든) 다른 사람들이 이 협동전략을 선택할 의향이 없는 경우이다.

홉스가 주장하는 자연상태 구조를 기술하는 데 있어 보다 단순한 게임이론의 입장을 적용하면 흔히 죄수의 딜레마라고 알려져 있는 2인 게임에 도달하게 된다. 홉스의 자연상태를 묘사하는 게임이론의 이 모형이 그 이름을 얻게 된 데에는 다음과 같은 역사가 있다 : 공동으로 모의하여 중죄를 지은 두 명의 죄수가 서로 다른 감방에 수감됨으로써 서로 말을 맞추는 모의를 할 수 없는 상태에 있었다. 그리고 이들의 범죄 사실을 증명할 수 있는 증거는 아무 것도 없었다. 조사국이 증명할 수 있는 것은 오직 이 죄수들이 또 공동으로 어떤 경미한 범죄도 함께 저질렀다는 사실이다. 이제 이 두 명의 죄수는 중죄에 해당하는 범죄에 대해 자백할 용의가 있는지 따로 심문된다. 이때 이들에게는 다음과 같은 가능성이 동시에 열려 있다. 즉, 이들 가운데 한 사람만 자백하고 나머지 한 사람은 그렇지 않은 경우, 자백한 사람은 증인으로 법정에 출석하여 공범자에게 불리한 증언을 하는 대신 형벌을 면제받을 수 있다. 또 만약 두 사람 모두 죄를 자백한다면 정상참작이 된다 하더라도 그들은 법에 따라 처벌받게 될 것이다. 그리고 또 만약 아무도 자백하지 않는다면 그들은 다만 경미한 범죄에 대해서만 기소되어 처벌받게 될 것이다. 그리고 이들이 택할 수 있는 네 번째 가능성은 본인의 죄는 부인하고 상대방만 죄가 있다고 자백하는 경우인데, 이 때 그는 아마도 법에 규정되어 있는 최고형을 받게 될 것이다.

전략적으로 유리한 경우를 찾는 데 어떠한 도덕적 숙고도 한계가 있는, 즉 본인의 행위에 대해 어떤 후회나 속죄의 기미도 비치지 않는 죄수들에게 이 네 가지 가능성이 가져다줄 이익의 정도는 다음과 같은 순서로 배열될 수 있다. 두 사람 각자에게 가장 유리한 것은 내가 자백하고 상대방이 자백하지 않는 것이다. 두 번째로 좋은 방법은 두 사람 모두 자백하지 않는 것이다. 세 번째 순위에 오는 것은 두 사람 모두 죄를 자백하는 것이고, 가장 불리한 것은 첫 번째 가능성을 뒤집은 것, 즉 상대방이 자백하고 내가 자백하지 않는 경우이다. 그런데 이 두 죄수가 처해 있는 딜레마는 분명하다. 두 사람은 모두 아마도 이성적 행위를 택할 것이므로 자백할 것이다. 자백의 전략은 분명 자백을 거부하는 것보다 유리하게 작용할 것이다. 왜냐하면 상대방이 자백했을 경우 나도 자백하는 것이 유리하고, 상대방이 만약 자백하지 않더라도 내가 자백하는 것이 합리적이기 때문이다. 그러나 합리적 자백의 전략이 언제나 두 사람 모두에게 유리한 전략이 되는 것은 아니며, 두 사람 모두에게 가장 유리한 결과를 가져다 주지도 않는다. 두 사람에게는 어쩌면 자백 거부의 전략이 더 유리했을지 모른다. 물론 이것은 상대방을 고려하지 않고 자신의 관심사를 쫓는 것을 포기할 때, 즉 자신의 관심사를 관철시킴에 있어 타인에게 이익이 될 수 있는 보편적 이익을 고려한다는 원칙 하에서 추구할 때 비로소 깨닫게 되는 것이다.

죄수의 딜레마가 갖는 해학은, 더 유리하게 작용할 수 있는 해결책을 개인주의를 이용했을 때 놓칠 수 있다는 데 있다. 개인주의적 사고에서 출발한 자백의 전략은 협동과 관심조정이 허용되어 있었다면 상황이 허락했을 수도 있는 것을 평가절하시켜 싸구려로 만든다. 죄수의 딜레마로부터 얻을 수 있는 교훈은—간단히 살펴볼 때—자기 고유의 이익을 최대화하려는 전략은, 모든 사람에게 이익이 되는 상황을 만들 수 있고 장기적 안목에서도 지키고 유지하는 것이 유리하다고 판단되는 규칙의 지배를 받아야 한다는 통찰이다. 죄수–딜레마–규범이라고 이름붙일 수 있는[70] 이러한 유형의 규범은 합리적 협동성이라는 규범이다. 합리적 협동성은 이미 소개된 홉스의 자연상태 구조를 기술할 때 다루어진, 자발적 협동전략을 규정한다. 합리적 협동성의 규범은 또한 가이게스(Gyges)의 조건이 부정될 때에만 관철될 수 있다. 왜냐하면 죄수–딜레마–규범의 효용성은 만인의 장기적 관심사에 해당하고 일반적인 동의를 이끌어낼 수 있는 것이지만, 바로 이 이유 때문에 언제나 보편적으로 추구되는 것은 아니기 때문이다. 이 규범의 보편타당성이라는 전제조건 하에서는 합의비용을 줄이고 죄수–딜레마–규범을 깨뜨리는 것이 더 이익이 될 수도 있다. 그러나 우리는 모두 자신의 고유한 이익을 우선 고려하기 때문에 우리 모두는 합의를 이끌어낸 장본인으로 등장하려고 할 것이며, 이로써 일반적으로 인정되는 죄수–딜레마–규범의 타당성도 전체적으로 공허하게 되어 모든 사람에게 이로운 상황은 사라지고 이전의 가장 불리한 상황, 즉 자연상태로의 회귀가 이루어질 것이다. 합리적 협동성의 우월성 내지 유리함에 대한 통찰은 실질적인 열매를 거둘 수 없고, 일반적 동의가 얻어질 수 있는 죄수-딜레마-규범이 만들어낸, 모든 사람들에게 유리한 관계도 만들어내지 못할 것이다. 그 이유는 여전히 가이게스의 조건이 우리를 위협하기 때문이고, 우리들 각자가 잠정적 무임승차자 및 합의에 기생하는 자들에 대해 커다란 불신감을 가지고 있기 때문이며, 협동의 이익이 특정인에게 돌아가는 것을 저지하는 상황을 만들기 위해 필수적 합의비용마저도 축소시키는 것은 비이성적인 것으로 간주되어야 하기 때문이다. »대부분의 사람들은 이 원칙(합리적 협동의 원칙, 필자 주)을 인정하고 있음에도 불구하고 현재의 이익에 대한 비합리적 관심 때문에 그것을 지키지 못한다. 따라서 남들보다 이성적인 몇몇 사람들이 있어서 타인에 대한 배려가 이성적으로 생각했을 때 유리한 것이라고 주장하고, 타인은 결코 그와 같이 생각하지 않는다면 이런 주장을 하는 사람은 분명 이성적으로 행동하는 것이 아닐 것이다. 이성적 사람은 이런 식으로 평화를 정착시킬 수 없을 뿐만 아니라 더 빠르고 확실하게 몰락을 자초할 뿐이다. 원칙에 충실한 사람이 원칙을 깨뜨리는 사람의 희생물이 될 수도 있다.«[71]

타인이 근시안적 관심을 추구할 것이라는 것을 우리는

언제나 명심할 필요가 있다. 그러므로 자연상태에서의 협동적 태도는 무모한 것일 수 있다. 타인의 근시안적 관심을 두려워하지 않으면서 그를 대하는 것처럼 어리석은 일은 없을 것이다. 가이게스의 조건은 따라서 삭제되어야 하거나—또는 같은 말이지만—언제나 근시안적 단기 이익에 가려 지속적이고 보편적인 유리한 상황 설정을 목표로 하는 장기적 이성전략이 무시될 수 있는 가능성으로부터 사람들을 보호할 필요가 있다.[72] 그리고 이것은 규칙 위반이 더 이상 간과되지 않는다는 것이 확실해질 때에만 가능하다. 합리적 협동성의 원칙 및 죄수–딜레마–규범을 통해 조직기관이 정돈될 필요성이 대두되게 되는데, 이때의 조직적 기구는 규칙을 위반했을 때의 손해를 확실하게 보여주고 합의비용 지출을 이익을 가져다 주는 투자로 전환시키는 기구를 말한다. 이와 같은 기구가 정돈되면 규범 위반을 통한 단기 이익과 규범 준수의 장기 이익 사이의 갈등이 해소되고, 단기적 자기 관심사와 장기적 자기 관심사가 동일한 것으로 인식될 것이다. 사람들은 규칙을 준수하는 것이 만인의 장기적 관심사이며 합리적 행동전략이라는 것을 이미 알고 있었다. 이제 그들은 규칙을 준수하는 데에는 추가적인 합리적 동기가 있다는 것을 인식하는데, 그것은 바로 제재조치를 피할 수 있다는 사실이다. 그 결과 규칙을 충실하게 따르는 것도 단기적 자기 관심에 놓이게 된다.

합리적-이기주의적 자연상태 영위자들이 이미 우월하다고 인정한, 협동의 합리성에 대해 실질적 효력을 가능하게 하고 죄수-딜레마-규범의 타당성도 인정하는 이와 같은 기구조직이 홉스에 있어서는 절대국가 리바이어던의 암울한 기구로 가정되어 있다. 홉스의 뛰어난 아이디어에 대해 지적으로 경탄해마지 않는다 하더라도 그의 정치철학서를 처음으로 읽을 때 몇몇 독자들이 분명히 가지게 되는 불편함은 아마도 게임이론에 바탕을 두고 재구성된 홉스의 자연상태 논거를 접한 후에 더욱 분명하게 표현될 수 있을 것이다 : 인류학적 전제 및 자연상태 이론의 전제로부터 절대국가의 주권이라는 명제가 실질적으로 도출될 수 있을 것인가? 자연상태 이론을 배경으로 강제적 법치질서의 필연성과 법제에 의한 강제적 체계가 분명해지고, 옹호되기는 하지만 절대국가 건설의 타당성이 확립되는 것은 아니지 않을까? 이와 같은 문제를 필자는 아래 이어지는 장에서 상세하게 다룰 것이다.

(2) 주관적 권리와 자연의 법칙

『리바이어던』이 출간되고 백 년도 더 지난 1767년에 자연법학자 요한 슈테판 퓌터(Johann Stephan Pütter)는 그의 『법률 백과사전과 방법론』(*Juristische Encycloäie und Methodologie*)이라는 책에서 자연상태에 대해 다음과 같이 기술했다 : 자연법 이론의 »토대를 알기 위해서는 자연상태에 대한 상상이 필요하다. 그 이유는 국가를 비롯한 여타의 사회형태나 자의적으로 발달한 결속관계도 인간의 상태를 규정하지 못하기 때문이다. 우리는 일단 어떤 구속도 가지지 않는 두세 사람을 가정해야 한다. 그런 다음 이들 사이에 어떤 구속적 행위가 없다 하더라도 어떤 한 사람이 상대방에 대해 어떤 방식으로 권리와 구속력을 행사하는지에 대해 논의해야 한다. [⋯] 그리고 이 모든 것은 그러한 행위가 새로운 권리와 의무에 대해 무엇을 제시하고 이 원시적 자연상태 속에서 인간이 자신의 권리를 찾고 타인으로부터 모욕을 당하지 않기 위해 어떤 권리와 수단을 행사하는지를 규정하기 위해서이다.«[73]

퓌터는 여기에서 자연상태를 권리의 상태 및 자연법 상태라고 간주했는데, 이 상태에서는 오직 자연법의 규범만이 효력을 가질 뿐 어떤 실정법과 역사적인 도덕률도 더 이상 효력을 가지지 않는다. 이것은 바로 홉스 이전과 이후에도 나타나는 자연법 및 이성법의 전반적 내용이 자연상태를 고찰하는 방식이기도 하다. 홉스가 말하는 자연상태는 그러나 자연상태를 자연법이 지배하는 상태로 이해하는 것을 철저하게 논쟁적으로 배제하는 안티-자연법적 구상이다. 홉스의 방법론적 추상화는 당시의 모든 현존하던 규범으로부터 국가의 실정법을 따로 걸러내지 못함으로써, 인간의 개입 여부와 상관없이 영원히 타당하고 불변하는 자연법 및 이성법의 규정은 순수한 특별 형식으로 유보되었다. 홉스는 자연법 및 이성법적 규정의 실체를 부정했으며, 그의 구상은 인권을 비롯하여 국가 이전 상태에서도 효력을 갖는 기본법에 대해 어떤 여지도 남겨놓지 않았다. 따라서 홉스의 자연상태 개념에는 사람들 사이에 존재하는 모든 기본 질서의 구속력을 정의하고 국가의 모든 역사적 헌법을 의무적 규범의 전형으로 이해하는 자연법 및 이성법적 헌법질서가 발견되지 않는다. 맨 위에는 초실증적이고 불변하는 자연법 및 이성법적 규범이 있고, 맨 아래에는 역사적 변이형이 초실증적 기본 원칙의 지배를 받아 규범적 구속력에 있어 실증적 국가 기본법을 이루는, 두 개의 규범 부류가 위계질서를 갖는 자연법의 기본 사상은 홉스에 있어서 철저하게 부정되었다.

홉스는 정치철학 역사상 최초의 실정법주의자였다. 실정법의 저편이나 실정법의 이면은 그에게 결코 존재하지 않는다. 물리주의(Physikalismus)는 자연과 하늘을 모두 공허하게 만들었다. 홉스에 있어 영원한 공정성의 규범은 더 이상 별들 사이에 존재하지 않으며, 공정성 규범의 도구화에 의해 이성도 더 이상 구속력을 갖는 입법의 주체가 되지 않는다.

국가 외에는 어떤 입법기관도 있을 수 없으며, 오직 국가가 정한 법만이 그 효력범위에서 무엇이 정당하고 정당하지 않은가를 결정한다. 이것이 바로 그 유명한 홉스의 법률-실증적 공식이다 : *Non veritas sed auctoritas facit legem*—진리가 아니라 국가라는 입법주체가 무엇을 법으로 인정할 것인지 규정한다. 법률적 구속력이 갖는 효력은 그것이 자연법 및 이성법적 규범과 일치하는가의 여부에 달려 있는 것이 아니라 입법자가 정한 효력범위 속에서만 타당성을 얻으며, 결과적으로 기타 모든 법률의 내용적 특징과 무관하게 된다.

물론 홉스도 모든 사람이 갖는 자연적 권리와 »영원불변«[74]한 자연법에 대해 언급한 적이 있다. 그의 자연상태 이론은 자연법에 관한 언어로 가득 차 있으며, 의무의 문제에 대해서도 논의하고 있다. 『리바이어던』의 14장과 15장에서 홉스는 자연상태에 해당하는 다수의 자연법칙에 대해 말하고 있는데, 이때 그는 자연상태를 자연법의 상태로 규정했다. 그러나 우리는 홉스가 자연법이라는 전통적 용어를 사용한 것으로부터 현혹되어서는 안 된다. 좀더 정확히 살펴보면 홉스는 이 전통적 개념에 대해 기존의 이해방식과 다른 새로운 의미를 부여했음을 알 수 있다. 자유권은 의심스러운 구조임이 드러났고, 자연법칙은 더 이상 의무만을 지우는 규범이 아니라 자기 보존에 필요한 도구적 이성의 가설적 명령이다.

문헌에서 흔히 *jus naturale*라고 표시되는 자연법은 만인의 자유권으로서 자신의 본성을 유지하려는 의지권력이다. 이것은 다시 말해 자신의 삶을 유지하려는 권력으로서, 결과적으로는 자신의 판단과 이성에 따라 이 목표에 합당하다고 생각되는 모든 수단을 강구하는 의지권력을 말한다.[75] 자기를 보존하려는 인간이 어떠한 일을 행하는지 기술한 것은 물론 홉스의 설명으로 간주될 수 있지만 이것이 과연 주관적 자유권에 대한 설명이 될 수 있을까? 사람은 모든 것을 행사할 수 있는 권리를 이미 권리라는 개념적 이유로부터 가질 수 없다. 권리는 의무의 개념을 필요로 하고, 반대의 경우도 성립한다. 의무와 권리는 오직 한데 묶일 때에 규범적 행위 지침을 제공하고 자유 사용의 적법성 한계를 결정하는 상호 보충적 규범 개념이다. 홉스가 말하는 주관적 권리는 반대로 의무 개념과 결부되어 있지 않다. 사람은 옳다고 생각한 모든 것을 동시에 행할 권리를 가질 수 없으며, 반면 타인이 타인의 입장에서 옳다고 생각하는 것을 그들이 실행할 때 그것을 존중해 주어야 할 의무가 있다. 의무가 있다는 말은 권리를 가지기도 한다는 뜻은 아니므로 존중의 의무를 지우는 권리를 가지려고 하는 사람은 아무도 없을 것이다. 반면 권리가 있다면 의무를 가질 수 없다. 권리가 가진 내적 무한 가능성은 상응하는 의무를 불가능하게 만든다. 홉스 자신이 확언

한 것처럼 이로부터 도출되는 결론은, 모든 것에 대한 권리는 동시에 아무 것도 아닌 것에 대한 권리이다. »모든 것에 대해 공동의 권리를 갖는다는 것은 인간에게 유리한 것이 아니다. 왜냐하면 소유의 권리는 실질적으로 거의 아무 권리도 없다는 것과 마찬가지이기 때문이다. 인간 각자가 어떤 물건에 대해 '이것은 내 것이다' 라고 말할지 모르나, 그는 똑같은 대상에 대해 동일한 소유권을 주장할 수 있는 타인이 있기 때문에 그 대상을 누릴 수는 없을 것이다.«[76]

주관적 권리라는 개념에 대해서는 동일한 시점에서 모순되지 않는, 즉 개개인 모두에게 갈등의 소지 없이 똑같이 분배될 수 있는 권리라는 개념이 정의되어야 한다. 그러나 이것은 홉스의 권리 개념에 해당하지 않는다. 홉스에 있어서 개개인에 분배된 자유는—이후 칸트와 마찬가지로— 그 권리가 보편적으로 지나치다고 인정될 때 제한될 수 있고, 따라서 서로 양해하고 이해하는 자유권만을 포괄하는 것이 아니라 모든 것에 대한 무한한 자유이기 때문에 타인의 자유권을 침해하는 것도 권리 침해가 아닐 수 있다. 그러나 이것은 명백한 모순이다. 홉스가 말하는 주관적 자유권은 이성법이 말하는 자유권처럼 모든 사람이 필연적으로 동일하게 제한되는 자유권을 가진다고 하는 객관적 분배의 규칙을 가리키지 않으며, 다만 그와 같은 객관적 자유의 질서가 존재한다는 것만을 가리킨다. 홉스의 자유권은 또한 주관적 자유권을 통해 야기될 수 있는 자기 보존의 진흙탕 싸움을 평정하고 모든 사람에게 안전한 자유의 분할을 자신의 책임 하에 누릴 수 있도록 하는 규칙체계가 확립되어야 한다는 필연성을 지적한다. 모든 것을 할 수 있는 자유란 자연상태에 대한 논쟁이 출발점으로 삼는 것으로서, 이는 법의 대상이 아니라 자기 보존이라는 인간의 관심사가 자연상태라는 조건 하에서 취하는 합리적인 태도를 기술하는 내용이다. 국가 이전 상태의 주관적 권리가 실존한다는 자연법 및 인권의 명제는 홉스에 의해 강화된 것이 아니라 오히려 부정되었다. 모든 것을 할 수 있고 또 모든 것을 취할 수 있는 자유는 행위 관련 자유이든 물건 관련 소유권이든 자연상태에서는 결코 어떤 권리도 존재하지 않는다는 상황을 표현한 것이다. 자유, 평등, 소유에 대해 타고난 자연적 개인권이 있는 곳에서는 모든 것을 할 수 있고, 모든 것을 취할 수 있는 권리가 존재할 수 없다.

»자연법(lex naturalis)은 이성을 통해 발견된 규범 또는 보편적 원칙으로서, 이에 따르면 자신의 삶을 파괴하거나 자신의 삶을 유지하기 위해 빼앗는 행위 및 스스로 생각하기에 이를 통해 가장 최상으로 유지될 수 있는 것을 등한히 하는 것은 인간에게 금지되어 있다.«[77] 태생적인 자유권은 그 자체로 모순되는 개념일 뿐만 아니라, 비합리적이고 근시안적

인 행동전략으로서 인간의 고유 목표를 조직적으로 몰아내는 행위이며, 자연상태를 위협할 수 있는 가능성이 매우 높다. 물론 이 두 가지 단점은 근본적인 실책이 서로 상이하게 드러난 것으로서, 질서 있는 공존의 문제가 무한정으로 근시안적인 성격 때문에 문제시된 것이며, 이것은 합리적 협동성을 통해 다듬어진 자기 보존의 관심사에 의해서도 해결될 수 없을 것이다. 전쟁상태를 분석하는 과정에서 이성은 실책을 발견하고 그것을 수정하는 행위의 원칙을 만들었다. 이 행위원칙은 자연권과 마찬가지로 자기 보존이라는 관심에는 기여하지만 개인의 무한한 자유는 제한한다. 이와 같은 행위원칙은 또한 공동체적 · 협동적 분위기의 조성도 가능하게 하므로 이 행위원칙을 통해 자기 보존의 위험요소가 제거될 수 있을 뿐만 아니라 생존의지에 대한 관심도 아무 제제를 받지 않고 요구될 수 있다. 이성을 통해 발견된 규범과 행위규칙은 지켜져야만 하며, 인간의 자기 보존과 행복에 대한 관심은 이로써 효과적으로 충족될 수 있다. 이성을 통해 발견된 규범은 더 나은 관심 추구 전략을 마련하고 있다. 자연상태를 전쟁상태로 이끄는 전략이 기존의 전략이었다면 이성적 규범을 따르는 전략은 전쟁상태를 평화의 질서로 대체시켜주는 전략이다.

이성을 통해 발견된 규범은 필자가 합리적 협동성의 원

칙 및 죄수-딜레마-규범이라고 명명한 것과 구조적으로 동일하다. 이것은 또한 평화 정착의 규칙으로 간주될 수 있다. 이것은 전제된 목적을 위해 쓰이는 수단을 만들고 그것의 진리를 경험적으로 검증할 수 있는 지혜의 규칙이다. 지혜의 규칙은 다음과 같은 원칙으로 특징지어질 수 있는 도덕적 이해를 바탕으로 한다[78] : 1. 언제나 모든 상황에서 그것을 따랐을 때 너에게 최대의 이익을 약속하는 규칙의 체계를 따르라. 2. 이 규칙을 위반하는 것이 그것을 지켰을 때보다 더 큰 이익이 되는 경우에도 이 규칙체계를 따르라. 물론 이와 같은 규칙 중심적 도덕 이해는 1과 2의 원칙을 규칙체계에 대한 보편적 순응의 조건으로 종속시키고 있음에 틀림없다. 따라서 3. 이 규칙체계를 다음과 같은 경우, 즉 그 규칙을 따르지 않는 것이 규칙을 따랐을 때 생기는 최대의 이익을 최대의 손해로 바꾸는 경우에도 따르는 것이 합리적이다.

자기 보존과 행복 추구라는 관심을 성공적으로 뒷받침할 수 있는 이성에 대한 규범서는 19개의 규칙조항을 담고 있다. 첫 번째 규칙은 제약된 자유규정이다 : »평화에 대한 희망이 있는 한 사람은 누구나 평화를 위해 노력해야 한다. 평화가 조성되지 않는다면 사람들은 모든 수단과 전쟁의 이익을 통해서라도 평화를 정착시킬 수 있다.«[79] 이 규칙은 전쟁상태의 비참함으로부터 오직 보편적인 결과를 이끌어낼 뿐, 만인이 그토록 원하는 평화가 어떤 방식으로 조성될 수 있는가에 대해서는 여전히 어떠한 설명도 하지 못한다. 구체적인 설명은 이어지는 두 번째 자연규칙이 제시하고 있는데, 이것도 역시 첫 번째 것에 대한 일반적 상술의 정도를 벗어나지 못한다 : »평화와 자기 보존을 위해 반드시 필요한 것이라면 사람은 모든 것에 대한 자신의 권리를 자발적으로 포기할 수 있어야 한다. 또한 상대방에게 허용할 만큼의 자유만을 본인 스스로에게도 허락하여 그만큼만 누리는 것에 만족해야 한다.«[80] 이 이성 규범은 모든 것을 할 수 있고 취할 수 있는 권리와 이로 인한 불가피한 전쟁상태 사이의 밀접한 관계를 규명한, 전쟁상태 분석을 가능하게 하며, 근본적으로 모든 것을 행사할 수 있는 권리를 포기할 것을 요구한다. 동시에 이 이성규범은 상호성의 조건을 제시하는데, 이 조건 하에서 태생적으로 무한한 자유의 의무는 모든 사람에게 너무 지나친 요구일 수 있다. 자신의 경쟁자 및 적수가 무장해제할 것이라고 확신할 수 없는 상황에서 자연상태에서 스스로 무장해제할 사람은 아무도 없다. 어쩌면 그는 상대방의 무장해제 정도를 악의적으로 감시하고 자신과 상대방 사이에 무장해제가 동등하게 이루어지지 않고 있다고 믿을 것이며, 자기 자신이 포기한 위협의 수단을 상대방은 아직 포기하지 않았다고 확신할 것이다. 어떤 일을 상호적으로 진행하고 포기하는 곳에서는 불공평과 비대칭이 형성되지 않을 것이며, 모든 참여자의 공정한 부담만이 있을 것이다. 상호성이란 공정성에 대한 형식적 기준이다. 여기에서도 상호성의 조건은 '타인이 너를 대함에 있어 네가 원치 않는 방법으로 너도 남을 대하지 말라'는 황금률과 밀접하게 연관이 있으며, 이를 통해 내적 공정성과 공정한 무장해제는 확실한 기반을 얻게 된다.

이 자리에서 다시 한 번 분명해지는 것은 홉스의 자연상태 개념이 국가 간의 관계를 구조적으로 기술하는 방식을 제공한다는 사실인데, 특히 냉전시대에 적수국가 사이에 존재했던 관계가 여기 해당할 수 있다. 시대사를 통해 우리에게 이미 잘 알려져 있는 이들 적수국가 사이의 군비 확장전략 및 군비 축소전략은 그 내용이 홉스의 자연상태 개념과 정확하게 일치한다. 양쪽 진영에서 모두 권력 확장과 군비경쟁 그리고 초대형화를 지향하는 노력이 있었으며, 끊임없이 돌아가는 무기산업 및 점점 증가하는 위협의 수단을 발전시키려고 했다. 양쪽 진영 모두 철저하게 방어의 합리성을 추구한다고는 했지만 때때로 이것은 필연적으로 비합리적 상태를 초래하기도 했다. 양쪽 진영 모두 전반적 군비 축소의 필요성 및 상호성이라는 합리적 조건을 요구했지만 상대방에 대한 불신과 군비 축소에 대한 쌍방 간의 감시도 여전했다.

두 번째 자연법 규칙이 말하고 있는 상호성의 조건 하에서 평화형성에 기여하는 권리 포기의 개념은 국가 성립 계약이라는 개념과 혼동되어서는 안 된다. 국가 성립의 계약은 개개인으로 하여금 합리적 협동심을 발휘할 것을 보편적으로 요구하는 것으로서, 계약 체결에 대한 요구이며 상호 합의된 내용에 따라 개인의 태생적 자유도 제한할 수 있는 요구를 말한다. 여기에서 우리는 불가침조약을 생각할 수 있으며, 상대방의 생명과 재산을 존중할 것을 계약을 통해 의무지우는 것, 다시 말해 전쟁상태에서도 계약에 근거해 평화적인 협동의 섬을 만들 수 있는 개인 주도적 평화의지를 생각할 수 있다. 두 번째 자연법 규칙의 배경에는 계약을 통해 형성된 상호 권리와 의무규정의 그물을 통해 계속해서 확장되고 있는 사회화의 모델이 숨어 있다. 물론 이 사회화 과정은 오직 무한하다고 인정된 태생적 자유가 상호적 권리 포기 및 권리 이양을 거쳐 계약을 통해 통제되고, 이것은 계약 파기에 의해서도 파괴되지 않을 때, 그리고 계약에 명시되어 있는, 스스로 부과한 의무규정이 구속력이 있는 것으로 인식될 때에만 성공할 수 있다. 따라서 자연법의 세 번째 규칙은 »체결된 계약은 준수되어야 한다«[81]이다.

네 번째 자연법 규칙은 드러난 이익에 대해 감사를 표시할 것을 요구한다. 다섯 번째 규칙은 적응 준비성 및 평화 완결성, 그리고 사회적으로 융합하는 태도를 요구한다. 여섯 번째 규칙은 평화에 기여하는 능력으로서의 용서를 강조한 것이다. 이성을 통해 발견한 일곱 번째 자연법 규범은 무자비한 복수가 아니라 범죄자의 교화를 목적으로 하는 합리적 처벌제도에 대한 요구이다. 여덟 번째 요구는 그 어떤 사람도 모욕해서는 안 된다는 것이며, 아홉 번째 요구는 모든 사람들은 태어날 때부터 동등하다는 것을 서로 인정하라는 내용이다. 이것은 열 번째 규칙에 의해 더욱 강조되는데, 열 번째 규칙은 평화상태를 누리는 어떤 사람이 남몰래 어떤 권리를 가지거나 법률적으로 특수한 위치를 부여받는 것을 금지하고 있다. 평등성의 원칙 및 동등성의 원칙이라고 불릴 수 있는 이것은 다음에 이어지는 규칙에도 명시되어 있지만, 대립관계에 있는 양자를 심판자로서 조정하고 판결할 때 양자를 동등하게 취급하는 원칙으로 작용해야 한다. 열두 번째 이성규범은 분배될 수 없는 모든 재화의 공동 사용을 규정하고 있다. 열세 번째 규칙은 교대로 사용하는 것에 대해 순번제를 정하는 방식을 규정하는 것으로서 최초의 순서는 제비뽑기로 이루어진다. 이것은 재화와 자원을 분배할 때 최초의 점유권을 자연스러운 추첨의 방식으로 정하는 것을 권고한 열네 번째 규칙과 밀접한 관계가 있다. 열다섯 번째 자연법 규칙은 평화의 수단을 안전한 궤도에서 보존할 것을 요구한다. 열여섯 번째 규칙은 심판자를 이용해 갈등상황을 평정하고 심판자의 판결을 인정하고 존중할 것을 요구하는 내용이다. 이어지는 규칙은 자기 일에 직접 심판자로 나서지 말 것과 어느 한 편에 치우치는 심판자는 배제할 것을 요구하고 있다. 그리고 마지막 열아홉 번째로 홉스가 언급한 이성적 규범은 갈등상황을 조정할 때 당사자 외에 목격자 및 증인의 말도 들으라는 것이다.

위 내용에 상응해서 홉스는 이 자연법칙이 »가장 단순한 이성도 쉽게 통찰할 수 있는 격률«로 요약될 수 있다는 확신을 가졌다. 이것은 다시 말해 »타인이 네게 가하는, 네가 원치 않는 행위를 너도 남에게 가하지 말라«[82]는 황금률이다. 불손과 거만함, 부당함과 특혜, 불공정과 배은망덕의 희생자가 되고 싶은 사람이 어디 있겠는가? 여기에서 또 간과될 수 없는 것은 홉스의 자연법칙이 전통적 자연법에서 생각하는 평등성의 개념과 완전히 일치한다는 사실이다. 전통적 자연법의 사상은 다음과 같다 : 평화는 정의에 의해 이루어진다. 정의 및 공정성은 상호성과 평등성을 원칙으로 하는 공동체의 소통형식이 마련됨으로써 이루어지고, 계약에 의한 상호 구속력 그리고 안전망의 구축을 통해 이루어지며, 협동의 이익과 비용을 공정하게 나누고, 동등한 권리를 가지는 사람으로서 서로 상대방을 인정하고, 물질적 재화의 분배가 공정하게 이루어지며, 불편부당한 심판기구가 마련됨으로써 이루어진다. 모든 법률은 일반적 동의를 얻을 수 있는 것이다. 누구나 이 법률이 통용되는 상태를 전쟁상태보다 선호할 것이다. 따라서 사람들은 누구나 자기 보존이라는 이유와 성공적이고 편안한 삶에 대한 관심 때문에 이 법률을 자기 자신에게 구속력이 있는 것으로 인정하게 될 것이다.

홉스가 주장하는 자연법칙은 그러나 전통 자연법처럼 무조건적이고 도덕적인 구속력을 가지지는 않는다. 홉스 의미의 자연법칙은 지혜의 규범으로서, 자기 보존에 기여하는 조건과 삶의 행복을 장려하는 조건을 제시하고 있다. 이 규범의 논리구조로부터 가설적 명령에 대한 것이 다루어지는데, 가설적 명령은 도덕적으로 가치가 있기 때문에 행동방식을 규정하는 것이 아니라 전제된 목적을 실현하는 데 꼭 필요한 수단이기 때문에 명령으로 작용한다. 그리고 여기 해당하는 것은 개인의 자기 보존이라고 하는, 태생적으로 피할 수 없는 목적이다. 그러나 물론 특정 목적을 실현하는 데 전적으로 알맞은 행위들이 어떤 불리한 상황에서는 반대로 작용하는 결과가 생길 수도 있다. 그러므로 지혜로운 이성은 가설적 명령에 대해 유보조항을 마련해야 한다. 그 결과 우리는 다음과 같은 가설적 명령의 도식을 얻을 수 있다 : 어떤 사람이 목적 Z를 가지고 있다면 그는 이 Z를 실현하기 위해 필요한 행위 H를 수행해야만 한다. 그러나 이것은 주어져 있는 행위상황이 H를 수행했을 때 목적에 위배되는 결과를 낳지 않는다는 조건 하에서만 그러하다.

홉스의 자연법칙은 이 도식을 따른다. 그의 자연법칙은 모두 유보조항을 가지고 있다. 예컨대 '자연법칙을 준수하라, 타인도 그것을 준수한다는 전제 하에서' 와 같은 형식으로 말이다. »자연법칙은 *in foro interno*, 즉 효력을 가지고 싶어하는 소망을 가질 의무가 있다. 그러나 *in foro externo*, 즉 그 실제 사용에 있어서는 언제나 그런 것은 아니다. 그 이유는 어느 특정 시기와 장소에서 다른 어느 누구도 그렇게 하지 못한, 즉 소박하고 겸손한 삶을 영위하면서 소망을 모두 이룬 사람은 타인에게 약탈의 대상이 될 뿐 분명 파멸에 이르게 될 것이고, 이것은 자기 보존을 목표로 하는 모든 자연법칙의 기본 토대와 모순되는 것이기 때문이다.«[83] 여기에서 »의무를 가진다«는 표현은 무슨 뜻인가? 홉스는 전통 자연법의 용어를 사용하는 데 있어 그 개념으로부터 원래의 의미를 탈색시켰다. »자연법칙은 의무를 가진다«는 것은 홉스에게 있어 다음과 같은 것을 의미한다 : 전쟁상태와 유사한 상황에서 무엇보다도 자기 보존에 대한 관심을 기울이고 인간의 모든 관심사를 알고 있는 도구적 이성은, 전통적으로 »자연법칙«이라고 표시되어 온 협동의 규칙 및 공정성의 규칙을 모두 함께 따르는 것이 만인의 이익에 부합하며, 결과적으로 개인은 이 원칙이 통용되는 상태에 처하기를 스스로 소망해야 한다는 것을 인식하고 있다는 것이다. 홉스 스스로 언급하고 있는 것처럼 자연적 이성규범은 »오직 인간의 자기 보존과 방어에 기여하는 결론 또는 공식이다 […].«[84] 평화로운 상생과 생산성을 높이는 협동, 그리고 성공적인 삶을 위한 합리적 조건은 그 자체로서 어떠한 의무적 강제성을 가지지 않는다. 행동하는 인간과 규범층위의 관계는 도덕적 의무라는 개념을 통해서가 아니라 전략적 결과[85]라는 개념을 통해서만 파악될 수 있다. 전쟁상태에서 삶을 영위하는 것을 원치 않는 사람에게는 그의 행위전략을 전쟁상태의 극복이 기대되는 원칙에 따라 세우는 것이 필연적 행위일 것이다. 다른 사람들도 따르는 경우에만 이 원칙을 지킴으로써 원하는 결과를 얻을 수 있다면 모든 사람이 지켜야만 전쟁상태로부터 벗어날 수 있는 원칙을 혼자만 지키는 것은 매우 어리석은 행동일 것이다. 이성규범을 평화 정착의 규범 및 합리적 협동성의 규범으로 발견하고 이로써 공정성을 도구화하는, 이와 동일한 계산법은 타인이 이 규범을 지킬 것이라는 확신을 가질 수 없다면 자신도 이 규범을 지키지 말 것을 권유한다. 일방적 무장해제, 즉 어느 한 쪽에서만 법률을 지킨다면 전쟁상태의 끔찍함은 결코 완화되는 것이 아니라, 다만 자기 고유의 잠재적 보존 가능성이 약화되어 결과적으로 자기 보존의 목표만 흔들리게 될 것이다.

자연법칙만이 유보조항을 갖는 것이 아니라, 자연상태에서는 자연법칙을 준수함으로써 형성된 모든 합의사항에 대해 영향력의 유보가 제기될 수 있다. 자연상태는 그 본래 정의에 따르면, 평화를 위한 합리적 규정 및 합리적 협동성의 규정이 효력을 발생하는 것을 허용하지 않는다. »왜냐하면 상호 신뢰성에 바탕을 두는 계약은 […] 어느 한 쪽이 상대방의 계약준수를 염려하는 순간 효력을 상실하기 때문이다. 그리하여 실제로는—공정성의 근원이 계약의 체결에 있다 해도—이 염려의 원인이 제거되기 전에는 공정성이 존재할 수 없다. 그러나 인간이 자연적 전쟁상태에서 살고 있는 한 이런 일은 일어날 수 없다. 그러므로 '정당'과 '부당'에 대해 언급되기 이전에 강제적 권력이 존재해야만 한다. 강제적 권력은 인간에게 처벌에 대한 두려움을 심어줌으로써 파기했을 때 얻을 수 있는 이익보다 지켰을 때 얻는 이익이 더 큰 계약을 이행하도록 강요하는 것으로서, 포기된 보편 권리에 대한 보상으로 상호 계약을 통해 취득한 사유재산을 보호하기 위함이다. 그러나 이러한 권력은 국가 성립 이전에는 존재하지 않는다. 정의에 관한 보편 학문적 정의로부터 다음과 같은 것을 이끌어낼 수 있다 : 정의는 개개인에게 그 고유의 것을 부여하려는 부단한 의지이다. 따라서 '내

것', 내 사유재산이 없는 곳에는 정의도 존재하지 않는다. 또한 강제적 권력이 없는 곳, 즉 국가가 없는 곳에서도 정의는 존재할 수 없다. 왜냐하면 국가 이전 상태에서는 모든 사람이 모든 것을 행사할 수 있는 권리를 가지기 때문이다. 결과적으로 국가가 없다면 부당한 것은 아무 것도 없다. 이렇듯 정의 및 공정성의 본질은 유효한 계약을 지키는 데 있다. 계약의 유효성은 시민권력의 형성과 더불어 비로소 시작되고 시민권력은 사람들로 하여금 계약을 이행하도록 강요하며, 이 시점에서부터 사유재산의 소유권도 발생한다.≪[86]

이 자리에서 다시 한 번 분명하게 확인되는 것은 내적 도덕의무라는 전통적 개념이 홉스의 자연상태 이론에서는 전혀 사용되지 않는다는 사실이다. 홉스는 의무에 대한 도덕적 특징 대신 합목적성에 대한 이성적 특징을 내세웠다. 이성적 규범에 따라 행동하는 것은 근본적으로 합리적이지만, 이것은 확보된 상호성의 조건 하에서 이루어져야 한다. 계약을 준수하고 약속을 지키는 것은 합리적 · 이성적 행동임에 틀림없으나 계약이 구속력을 얻기 위해서는 계약자 상대방도 그 계약의무를 완수할 것이라는 확신이 있어야 한다. 그리고 이러한 확신은 국가, 즉 저항할 수 없는 강제권력이 이성규범의 효력을 발생시켜 안전성과 예측 가능성의 분위기를 형성해 주어 그 속에서 계약에 의한 합의가 신뢰할 수 있는 도구로서 개개인의 사회적 관계에 기여하고 개개인이 신뢰를 가지고 미래를 구상할 수 있는 곳에서만 가능하다. 간단히 말해 이성적 규범이 통제하는 강제적 질서가 있는 곳에 구체화 및 차별화가 있을 수 있다.

오해의 소지를 제공하지 않기 위해 언급하자면, 계약은 홉스에 있어 내적 규범구조를 갖는 법률체이다. 계약은 자발적으로 부과한 의무규정의 근원이고 새로운 권리 획득의 원천이다. 계약을 체결하는 사람은 스스로를 구속시키며 의무를 부과한다. 계약의 자기 구속력과 자발적 의무부과가 갖는 규범적 요소는 홉스가 계약의 자기 구속력 기구를 합리적 협동의 효과와 이익을 이용해 설명하고 계약 충실의 원칙 대신 계약 중심의 정당화를 이 기구에 부여했다는 것을 통해서도 결코 약화되지 않는다. 계약의 구속력에 대한 물음에 대해 해당 자연법 및 신(神)의 계명을 이용해 대답하지 않고 계약 기구의 유용성을 언급함으로써 답하고자 했다는 것은 계약의 구속력과 법률적 자기 구속성에 대해 어떤 손실도 끼치지 않는다. 계약의 구속력이 없다면 계약 논의 전반은 와해되고 말 것이다. 자연법이 존재하지 않는 세계에서 계약은 홉스가 볼 때 실제적 권리와 의무에 대한 유일한 근거이다. 자기 구속에 대한 의지가 있음을 스스로 공표하는 계약은 »사람들을 결속시키고 의무를 지우는 집단을 형성하는데, 약속을 파기하는 것보다 더 쉬운 일은 없으므로 이 집단은 집단의 본성에 의해서가 아니라 약속 파기의 결과에 대한 두려움 때문에 유지된다.≪[87]

홉스의 심리학에는 순수한 도덕적 동기의 여지가 없다. 계약을 지키는 동기가 언제나 계산에 의해 규정됨에도 불구하고 구속력과 권리부여의 원천이 계약임에는 틀림없다. 그리고 바로 이런 기능 때문에 계약은 정치철학적 논의에서 도덕적 · 법리학적 논쟁의 대상이 될 수 있다. 홉스는 계약기구를 합리적으로 확증했으나 규범적 계약효과에 대한 전통적 의무이론에 대해서는 언급하지 않았다. 전통적 의무이론에 따르면 계약은 의무와 권리를 부과한다. 계약에 근거한 요구사항도 있을 수 있고 계약에 근거한 부채도 있을 수 있다. 규범적 의무이론이 계약 이행의 당위성을 뒷받침한다 해도 홉스는 계약과 이성규범의 구속력에 대한 중요한 설명을 의무이론과 결부시켜 계약 파기와 규칙 위반을 비난하는 비준체계의 존재를 옹호하지는 않았다. 홉스는 다만 현실주의자였을 뿐이다.[88] 그리고 현실주의자는 개인적으로 맺은 계약의 합리적 협동 시스템이 실현될 수 있는 조건은 오직 일반적인 의심이 사라지는 경우, 즉 상대방의 계약 이행 여부에 대한 의심의 근거가 사라지는 조건 하에서만 합리적 협동 시스템이 실현될 수 있다고 믿는다. 계약은 리바이어던의 보호 하에서 비로소 개인의 관심사 실현과 사회적 협동의 그물이 효력을 발생하도록 하는 도구가 될 수 있다. 그러나 약속을 지키도록 강요하는 공식적 기구는 효력 발생의 전제조건일 뿐 구속력의 전제조건은 아니다. 자연상태 하에서의 계약이 오직 공허한 말에 지나지 않는다는 것은 자연상태의 조건 하에서 계약의 원칙은 효과적인 사회화 원칙이 될 수 없다는 뜻이다.

홉스의 자연상태 개념은 공포심을 꿰뚫어 본 데 대한 결론이다. 이 개념의 논증적 내용은 인간의 자연적 이성을 3단계로 이루어진 사유 학습과정으로 이해하고 있다. 우선 첫 번째 단계는, 권력을 축적하는 이성으로서, 이 이성은 자연상태의 불안정한 상황에서 자기 보존의 관심이 최상으로 실현될 수 있는 방식은 오직 지배력을 꾸준히 확대해 나가고 예방적 폭력 사용에 대한 전략을 발전시키는 것이라고 생각하는 이성이다. 그러나 바로 이와 같은 군비경쟁 전략이 자연 상태로 하여금 인간의 삶을 위협하는 항구적인 전쟁상태로 남게 한다는 것도 이 권력 축적의 이성은 인식하고 있다. 이에 대한 최초의 원인 분석작업은 전쟁상태가 극복될 수 있는 가능성으로서 오직 개개인의 행위가 합리적 협동성의 원칙과 평화적 이성의 규범에 따라 이루어지는 것이라는 결론을 내린다.

이어지는 두 번째 발달단계에서는 도구적 이성이 합리적 이기주의자에게 보편적인 조언자의 모습으로 나타나는 것을 가정한다. 도구로서의 이성은 규칙 중심적 프로그램을 개발하고 규범을 정리하며 협동의 전략을 설계한다. 주의해야 할 점은 이 3단계에 걸친 사유과정에서 인간과 이성 모두 결코 성격이 변하지 않는다는 사실이다. 홉스가 그의 인간학에서 발견한 근본적인 행위구조는 이 단계들에서도 달라지지 않았다. 인간은 계속해서 자신의 관심사에 의해 조종되는 존재이고 이성은 여전히 도구적 이성, 수단기능으로서의 이성으로 남아 있다. 다만 시간이 지남에 따라 이러한 이성은 학습을 통해 쓸모 없는 군비전략을 협동의 전략으로 대체했을 뿐이다.

세 번째 단계에서 이성은, 합리적 협동성의 규범이 마련되고 지혜에 대한 요구가 제기되었다 해도 평화정착 및 실질적 협동은 아직도 실현되지 않았다는 사실을 인정한다. 이 단계의 이성은 또 모든 사람이 협동과 평화의 의지를 실천한다는 확신을 가질 수 없는 한 그 누구도 협동과 평화의지를 실천하지 않을 것이라는 사실도 통찰한다. 어느 한 쪽의 일방적 군비축소를 통해 전쟁상태가 극복될 수는 없다는 것과 평화의 규범 및 협동의 규범, 그리고 정의의 규범을 지킬 것을 요구하는 것은 그에 대한 보편적 존중이 보장되지 않는

한 인간의 자기 보존이라는 원초적 목표와 충돌할 수 있다는 사실도 이 세 번째 단계의 이성은 인식하고 있다. 이와 같은 인식으로부터 세 번째 단계가 깨달은 과제는 평화의 규범 및 협동의 규범, 그리고 정의의 규범이 유지되고 개인들도 자신의 이성에 따라 위험부담 없이 개인의 행복을 추구하고 삶을 안정적으로 만들 수 있도록 상황을 변화시켜야 한다는 인식이었다. 홉스가 »자연적 공정성«이라고 명명한, 저항할 수 없는 강제적 권력이 규범서의 효력을 발생시켜 모든 계약이 지켜지도록 할 때에 비로소 개인은 자신의 행복과 삶의 안정을 아무 위협을 느끼지 않고 추구할 수 있다. »처벌에 대한 공포심을 통해 개개인을 통제하는 공동 권력의 확증 없이 단순히 무언가를 합의하는 것은 자연의 공정성을 실현하는 데 필수적인 안전망을 확보하는 데 충분하지 않다.«[89] 평화적 관계 및 만족스러운 삶에 대한 태생적 관심은 오직 효과적인 강제 시스템, 즉 리바이어던이 완성될 때에만 실현될 수 있다.

헤겔(Hegel)은 도구를 책략이라고 불렀는데, 그 이유는 인간이 자연을 자기에게 쓸모 있는 것으로 만들기 위해 교활하게도 자연의 힘을 자연의 힘에 대항하는 도구로 이용하기 때문이라고 한다. 리바이어던도 일종의 책략이다. 그러나 이 때의 책략은 외부 자연을 길들이는 데 쓰이는 것이 아니라 인간의 본성 자체를 길들이는 도구로 쓰인다. 리바이어던은 이성의 도구이므로 책략이라고 표현될 수 있고, 이 도구는 이성으로 하여금 인간의 평화와 행복에 대한 의지를 다스리는 데 있어서도 이성의 본래 성격이 유지될 수 있는 상황을 만들어 준다. 책략은 이성이 언제나 필연적으로 자기의 고유한 통찰 입장을 폄하하는 상황을 종식시킨다.

이로써 우리는 자연상태의 학습과정을 모두 살펴보았다. 첫 번째 단계에는 무장하는 이성이 있었고, 다음으로는 협동의 이성, 그리고 이것은 최종적으로 국가를 형성하는 이성으로 이어졌다. 다음 장에서 우리는 이 이성이 어떠한 경로에서 어떠한 전략을 가지고 국가라는 강제 질서 및 통치질서에 대한 필연성을 실현시키고자 하는지 살펴보게 될 것이다.

(3) 계약

자연적 조화와 자발적 의지에 의한 사회화 능력이 없는 인간에게 »비참한 자연상태를 벗어날 수 있는« 길은 오직 국가의 통치질서 확립, 즉 »인간을 울타리에 가두고 처벌로 위협해서 계약을 이행하고 자연법칙을 준수하게 만드는 가시적 권력 […]«을 제도화하는 것이다. 상호 계약에 의한 자기 구속성을 바탕으로 해서 모든 사람이 합리적 방식으로 추구하는 협동의 질서를 생산하는 것만으로는 전쟁상태라는 병을 치유할 수 없다 : »검(劍)을 동반하지 않는 계약은 공허한 말에 지나지 않으며, 인간에게 최소한의 안전도 보장해 줄 수 없다. 강제적 권력기구가 만들어지지 않거나 이 기구가 우리의 안전을 위해 충분히 강력한 것이 아니라면 우리는 타인의 위협으로부터 안전을 느끼기 위해서는 자신의 고유한 무력과 지혜를 믿을 수밖에 없다 […].«[90] 근대의 지혜와 합리성을 이용해 자연법에 대한 전통적 의무의 언어를 새롭게 규정한 홉스는 영향력과 무관한 모든 규범적 구속력의 성격을 무효화했다. 합목적성의 통제를 받지 않는 도덕적 당위란 홉스에게 있을 수 없다.

홉스의 이론은 필연적으로 그 이론 고유의 전제조건 때문에 실패하게 될 것이고, 홉스가 설명한 자연상태는 계약에 의해 결코 극복될 수 없을 것이라는 비난이 홉스의 국가 계약이론에 대해 흔히 가해지곤 한다. 이 비난은 홉스가 자연상태에서의 계약의 효용성에 대해 언급한 것, 즉 자연상태에서 체결되고 그로부터 유래하는 계약에 대해 언급한 것을 기초로 한다. 상대방이 그가 약속한 사항을 지킬 것이라는 데 대한 확신을 가질 수 없기 때문에 자연상태에서 계약이 그 본래의 의미대로 효력을 발생할 수 없다면 국가 계약도 마찬가지로 효력을 가질 수 없다. 국가 계약의 성립을 위해 필요한 권력이 국가 자체에 의해 마련되어야 하므로 계약이 이루어질 수 없기 때문이다.

이 비난이 갖는 설득력은 그나마 홉스의 이론을 그 생성 순서에 따라 충실하게 읽는 방식, 즉 논증논리의 연쇄를 시간에 따라 이해하고 하나의 논거제시로부터 하나의 사건만을 읽어내려고 하는 방식에 기인한다. 그러나 홉스 이론은 역사를 설명하는 것이 아니며, 부득이하게 서술적 형식을 취하고는 있지만 에피소드를 열거한 것이 아니라 조건 논리적 분석을 목표로 하는 논거를 발전시킨 것이었다. 이러한 분석은 국가와 공동체의 실체에 대한 전제를 가장 작은 지엽적인 부분에 이르기까지 알아내려고 하며 분석 내재적 논리관계를 증명하려고 한다. 자연상태 자체가 역사적 사건이 아닌 것과 마찬가지로 그것을 종식시키는 계약도 역사적 사건이 아니다. 따라서 계약의 형성과정에도 실질적 조건이 결부되지 않는다. 유효한 계약으로서 국가를 자연상태라는 조건에서 생성할 수 있기 위해 국가 계약이 이미 국가 자체를 전제하고 있다는 비난은 공허한 것으로 끝난다. 왜냐하면 국가 계약은 자연상태에서 고안된 계약과 다르기 때문이다. 자연상태에서 고안된 계약은 불안전성을 바탕으로 형성된 것이어서, 평화적 공동체 관계 및 신뢰를 바탕으로 하는 협동관계가 전개되는 데 필요한 조건을 마련하는 것을 유일한 목표로 하는 계약을 성사시킬 수 없다. 다른 말로 하면, 자연상태에서 고안된 계약은 합의된 계약내용의 안전과 보장이 그 계약이 체결된 순간부터 효력을 나타내는 계약이다. 이에 대해 시간에 따른 인과적 차이를 끌어들여 시간관계 속에서 전개되는 전략으로서의 계약이 좌초될 것이라는 생각은 홉스의 정치철학이 갖는 이론적 · 방법론적 위상을 제대로 이해하지 못하는 것이다.[91]

»인간을 타인의 공격 및 상호적인 공격으로부터 보호하고 이로써 인간 자신의 노력으로 땅의 열매를 수확해서 만족스럽게 사는 것을 보장해 줄 수 있는, 보편적 권력을 마련하는 유일한 방법은 인간의 권력 전체와 힘을 한 사람 또는 개별 의지를 한 사람의 의지로 환원시킬 수 있는, 다수결에 의해 결정된 특정 집단에게 전가하는 것이다. 이것은 평화와 안전의 조건 하에서 피지배자를 실체화하고 그 모든 것의 생산자라고 스스로 고백하면서 자기 고유의 의지나 판단에 따라 결정하고 의도하는 사람의 모든 행위를 자기 고유의 것이라고 인정하는 것을 의미한다. 이것은 동의나 일치 그 이상의 것이다 : 이것은 만인이 만인과 맺은 계약을 통해 성립된, 모든 사람의 실질적 단일화이다. 그리고 이것은 모든 사람이 서로에게 다음과 같이 말하고 있음이다 : 나는 이 사람 또는

이 집단에게 전권을 위임하여 나를 지배할 권리를 주는데, 이때 한 가지 조건은 너도 역시 이 사람 또는 이 집단에게 내가 위임한 것과 동일한 권리를 위임하고 그 사람의 모든 행위를 공식적으로 인정한다는 것이다. 이렇게 되면 이 한 사람으로 통일된 전체를 우리는—라틴어로 *civitas*라고 하는—국가라고 부를 수 있다. 이것이 바로 저 거대한 리바이어던의 형성과정이며, 좀더 경건하고 공손하게 표현하자면 우리의 평화상태 및 보호받음에 대해 우리 스스로 감사하게 생각하고 있는 신(神)에 대한 표현이다. 우리 각자가 국가에 대해 부여한 전권을 통해 국가는 국가권력이 야기한 공포를, 자신에게 전가된 권한과 세력을 이용해 국가의 내부 평화 및 외부에 있는 적에 대한 상호 원조의지로 전환시킨다. 바로 여기에 국가의 본질이 있으며, 그것을 정의하자면 국가는 만인이 만인과 맺는 상호 계약을 통해 다수를 대표하는 개인으로서 국가는 자신의 행위를 전적으로 지휘하는데, 그 목적은 공동의 평화와 보호를 위해 적절하다고 생각되는 모든 수단과 권한을 이용하고 행사하는 데 있다.≪[92]

이 문구는 홉스 정치철학의 핵심을 표현한다. 여기에서 리바이어던은 생명을 얻기 시작하며, 국가의 전권과 통치권의 기원이 가시적으로 나타난다. 이 문구에는 또한 국가 철학의 기본 특성도 나타나 있다. 그러므로 이 문구를 해석하는 것은 홉스의 국가 철학 및 그 본질적 내용을 이해하는 데 훌륭한 길잡이가 될 수 있다.

필자는 이제 자연상태로의 회귀와 시민상태로의 조망을 동시에 하는 야누스의 머리와 같은, 논거의 중심사상을 형성하는 계약의 개념으로부터 이야기를 시작하려고 한다. 홉스가 말하는 계약은 만인에 대한 만인의 계약이다. 즉, 계약 당사자는 자연상태에 사는 사람들이다. 중세 신분사회에서 맺은 통치계약은 민중과 통치자가 계약 당사자였고, 이때 개인은 법인체로 파악된 민중집단으로 물러나 *bellua innumerorum capitum*, 즉 여러 개의 머리를 가진 괴물을 길들이고 하나의 조직화된 단위로 통합하는 신분 대표 시스템의 주변에 머무는 존재였다면, 홉스에 와서 개인은 국가 철학적 계약주의의 주인공이 되었다. 그리고 전통적 통치 계약의 당사자는 반사회적 개인에게 계약에 참여하지 않는 생산품이 되었다. 그 이유는 계약을 통해 형성된 지배자가 계약 당사자가 아니었을 뿐만 아니라, 개인들 간의 계약적 합의에 따라 리바이어던의 주체적 의지 하에서 형성된 것이 사회이므로 사회가 계약의 주체로 기능하지도 않았기 때문이다.

홉스는 자연상태에서 유래하는 계약을 사회계약이라고도 통치계약이라고도 부르지 않았다. 그것은 두 가지 성격을 모두 동시에 갖는다. 계약을 통해 유도된 시민상태는 이와 똑같은 논리에서 통치질서와 공동체 사회형성을 유도하는 과정이다. 홉스 철학이 가지고 있는 급진적 개인주의라는 전제조건에 비추어 볼 때 사회화 과정 및 통치권력의 안정화는 서로 분리되어 생각될 수 없다 : 계약은 개인의 사회화 과정에 대한 이유인데, 이것은 오직 계약이 통치제도에 대한 이유가 될 때에만 그러하다. 그리고 계약은 개인을 연합시키고 서로 연결해 주는 법률체로서 통치권의 근거제시 기능을 가진다. 계약에 의한 결속은 리바이어던에 의해 그 상태가 보장되는 사회화 과정의 모델을 제시한다.

사람이 계약을 체결하는 동기는 그가 원하는 더 나은 삶의 조건이 자기 자신의 주먹만 가지고는 도달되지 못한다고 믿거나 다른 사람과의 협동을 통해 자신의 위치를 안전하게 할 수 있다고 믿기 때문일 것이다. 그리고 타인은 오직 자신에게도 이익이 된다고 믿을 때, 즉 자기의 자유를 희생하는 것이 계약에 의한 권리 교환의 틀에서 적절한 반대급부를 이익으로 가져온다고 판단할 때에만 협동할 준비가 되어 있음을 내비칠 것이다. 계약 당사자의 관심사는 질적으로 서로 동일하거나—이것이 보통 일반적인 경우지만— 서로 상이할 수도 있다. 전자의 경우 우리는 추구하는 바가 똑같은 계약을 체결하게 될 것이고, 후자의 경우라면 서로의 관심사를 보완하는 계약을 필요로 하게 될 것이다. 관심사를 보완하는 계약이란 서로의 능력과 수단을 교환하는 것을 명시하는 계약이고 관심사가 동일한 계약은 서로의 능력과 자원을 합하여 늘려나가는 계약이 될 것이다.

홉스의 계약은 동일한 관심사를 나누는 계약이다. 이 계약을 체결하는 사람은 모두 평화와 삶의 만족이라는 똑같은 동기를 가지고 있다.[93] 하지만 계약은 힘이 하나로 결집되는 결과를 가져오지는 않으며, 자원의 결합도 초래하지 않는다. 계약은 다만 자연상태를 벗어날 수 있는 유일한 방법이라고 인식되기 때문에 체결된다. 하지만 자연상태는 우리가 그곳으로부터 떠나는 것을 통해 극복되는 것이 아니라 그 상태를 참을 수 없는 것으로 만든 이유 및 공포와 불신, 그리고 전쟁상태를 초래한 원인을 제거함으로써 극복될 수 있다. 근본적인 갈등의 원인 및 인간의 행동변화를 유일하게 설명해 줄 수 있는 갈등의 원인으로서 모든 것에 대한 권리 개념이 분석되었는데, 이때 모든 것이란 대상물일 수도 있고 행위방식일 수도 있었다. 물론 모든 것에 대한 권리는 결코 긍정적 동의를 얻을 수 없고 행위를 제한하는 금지조항이 없는 상태만을 나타낼 뿐이었다. 이러한 권리는 상상할 수 있는 모든 법적 질서와 충돌하는데, 그 이유는 거의 모든 법적 질서가 자유를 제한하는 규정을 가지고 있기 때문이다. 이러한 권리를 부정하는 것은 계약의 약속내용이다 : 우리 각자는 모든 것을 행사할 수 있는 권리를 상대방에 대해 포기할 의무가 있다. 그리고 이것은 상대방도 자연상태의 자유를 포기한다는 전제 하에서 이루어진다. 이로써 계약의 약속내용은 앞서 두 번째 자연법칙이라고 표현된, 이성의 규범과 일치한다.

물론, 모든 것을 행사할 수 있는 권리—*ius in omnia et omnes*—를 상호 포기하는 것만으로는 희망하는 개선된 상태에 도달할 수 없다. 자연상태는 개인의 자유 사용을 효과적으로 통제하는, 강제에 의한 법률 질서가 정착될 때 비로소 극복된다. 공식적 법률규정과 저항할 수 없는 법치질서를 통해 자연상태에 평화를 정착시키려는 시도는 홉스가 볼 때 오직 절대권력으로 무장한 통치세력을 동반할 때에만 성공할 수 있다. 그러므로 권리를 포기하는 계약은 동시에 권력을 이양하는 계약이어야 한다 : 상호성의 원칙 하에서 만인은 만인에게 자신의 권력을, 계약에 참여하지 않는 제3자에게 양도할 것을 약속한다. 이것은 다시 말해 그 제3자에 복종한다는 뜻으로서 »어떤 사람에게 권력을 이양하는 것은 바로 그 권력을 이양받은 사람에게 저항하는 동시에 그에게 복종하고 그를 따른다는 것을 의미하기 때문이다.«[94]

이로써 홉스의 계약은 복종하는 사람들끼리 체결한 복종 계약의 성격을 띠면서도 복종하는 대상은 배제되어 있는 좀 이상한 성격의 것이 되었다. »자신의 고유 의지를 한 사람의 의지 및 특정 집단의 의지에 종속시키는 것은 모든 사람이 계약에 따라서 나머지 사람들에 대해, 그가 유일한 사람이건 조직이건 특정인에게 복종할 의무가 있을 때 일어난다.«[95] 계약 당사자의 권리와 의지가 부정됨으로써 법적 규정에 대한 유일자의 의지는 거칠 것이 없게 되었다. 상대방에 대한 자기 주장과 권력 확장의 의지가 만연하던 이전 시대와 다르게 이제는 개개인이 완전히 스스로 부과한 것에 따라 백지를 가지게 되어 통치자는 구속력을 갖는 법률규정과 누구에게나 관철될 수 있는 질서를 그 백지 위에 새길 수 있게 되었다.

(4) 리바이어던에 대한 스케치

■ 위임 및 이와 동일한 대표제

이미 국가 철학논고 초반에 권리 이양의 개념을 계약의 수혜자에 대해 저항하지 않는 것으로 소개한 홉스는 『리바이어던』에서 위임이라는 생각을 새롭게 도입했다. 이에 상응해서 모든 것에 대한 권리는 »자기 통제에 대한 권리«로 치부되어 계약에 따라 명백하게 군주에게 이양된다. 리바이어던의 탄생은 상호 약속에 의한 개인의 고유 주권 포기이다. 인간이 스스로 금치산자임을 선고한 것은 세상에서 가장 큰 권력을 가지고 인간을 위해 생각하고 행동한다는 유한 신(神)을 만들었다. 금치산자임을 스스로 선고한다고 표현한 것은 결코 과장된 은유가 아니다. 모든 것에 대한 권리는 외적인 것, 물건이나 물체 또는 타인의 신체나 겉으로 드러난 행위에 관계되는 반면, 자기 통제에 대한 권리는 의지 및 주체성 그리고 개성에 관계된다. 그러므로 자기 통제의 권리가 이양되는 과정은 모든 것을 행사할 수 있는 권리를 포기하는 과정과 확연히 구분된다. 권리 포기는 자연상태에 전형적인 경쟁상황을 제거할 뿐, 계약의 수혜자는 모든 것에 대한 권리를 가지는 마지막 사람으로 남아 있다 : 전쟁상태의 역학관계에 의해 그 정도가 규정되는 계약 수혜자의 자연적 권력은 그를 제약하는 경쟁자를 모두 잃게 됨으로써 절대권력을 가진다.

자기 통제권이 절대군주에게 이양되는 것은 스스로를 금치산자로 선고하고 인격권을 스스로 박탈하는 행위로서, 계약에서 이익을 얻는 수혜자인 군주의 입장에서는 순수 통치권이 저절로 만들어지는 것이나 다름없다. 자기 결정권을 이양하는 행위와 위임행위는 서로 맞물려 있다. 위임이라는 개념을 이용하여 홉스는 국가 철학적 논증을 심화시켰다. 위임의 개념에 대해 홉스 스스로 내린 의미평가는 앞서 들어가는 말 3절에서도 소개되었던 상징적 표지에 잘 나타나 있는 데, 그 대상은 바로 위임에 의해 가능해진, 상상에 의한 상징적 합일체, 즉 한 가지 의도를 갖는 정치기구로 통합된 합일체이다. 인위적 인간의 자기 통제 능력은 개인의 자기 결정권을 계약에 의해 이양한 결과이다. 군주의 통치권은 그 권리 근거가 자기 통제권이 계약을 통해 이양된 데 있으며, 통치권은 또한 자기 규정의 모델에 따라 구성된다. 위임이라는 요소를 통해 계약의 수혜자는 최초의 정치적 윤곽도 얻을 수 있다. 모든 것을 행사할 수 있는 권리(*ius in omnia et omnes*)를 간단히 포기하는 것은 계약 수혜자가 이 권리를 마지막 늑대로서 아무런 제지도 받지 않고 행사할 수 있음을 의미한다. 통치권의 새로운 차원은 권리가 포기됨으로써 형성되지 않는다. 왜냐하면 홉스가 분명하게 표현한 것처럼 모든 것에 대한 자연적 권리를 소유하는 사람은 권리이양을 통해 새로운 권리를 부여받은 것이 아니라, 다만 자신의 권리를 아무런 제지도 받지 않고 무한히 관철시킬 수 있다는 확인을 받은 것뿐이기 때문이다.[96] 그러나 민주주의나 귀족정치의 절대군주로 하여금 모든 것에 대한 권리를 포기하는 방식으로 새로운 통치권을 부여받도록 하는 것은 어려움에 직면할 것이다. 나머지 늑대들이 민주주의 및 귀족정치의 방식으로 권력을 행사하는 집단이 되리라는 것은 상상하기 어렵기 때문이다.

질서부여와 평화유지에 초점을 맞춘 순수한 정치적 동기 및 임무설정은 모든 물건과 행위에 대한 권리 및 자기 보존에 기여하는 권리로부터 유도될 수 없고, 상호적 권리포기의 수혜자가 그에게 부여된 독점적 권력을 보편적 평화 목적을 위해 쓸 것이라는 것도 거의 기대될 수 없다. 독점 권력자가 통치질서를 확립함에 있어 이 권력을 단순히 자기 개인의 이익을 위해 쓰지 않으리라는 것을 기대하기 어렵다. 하지만—홉스도 그의 초기 저술에서 그러했는데—권리 포기와 권리 이양 그리고 합의에 따라 저항하지 않는 것과 계약 수혜자를 남아 있는 늑대와 어떤 식으로든 연결해 주는 정치적 임무가 서로 관계가 있다고 생각해도 이로써 새로운 통치권의 내용이 형성된 것으로 볼 수는 없다. 위임이라는 새로운 법제가 이 결합을 드러낸다.[97] 위임제는 순수한 정치 지배권력을 생성시키는데, 그 이유는 위임이라는 형식을 취함으로써 계약은 통치권의 근거를 마련해 주기 때문이다. 위임은 남아 있는 늑대가 리바이어던으로 편입될 수 있는 전제조건이다. 위임제는 또한 국가의 정치적 · 법률적 통일성을 마련한다. 위임이라는 개념은 생성적 인식론의 체계적 논거에 충실하며, 권리와 의무로 구성되는 비물질적 국가 현실을 통치권에 따라 정당하게 행사하는 주체로 만들어 주는 기초 구성행위이다.

진 햄프턴(Jean Hampton)은 홉스의 계약에 관한 논거를 훌륭하게 분석했는데, 그 과정에서 홉스가 말하는 계약은 결코 계약이 아니라 자기 관심에 의해 형성된 합의라는 주장을 펼쳤다.[98] 양자의 차이는 우선 이기적 동기로부터 당사자 간에 합의된 것은 오직 개인의 관심 및 이익이라는 이유에서 유지되는 반면, 계약은 약속을 서로 교환함으로써 유지되고 당사자의 개인적 관심들을 서로 보완하거나 대체하는 도덕적 동기를 유도한다는 데 있다. 계약에 이와 같은 동기이론의 성격을 부여하는 것은 일반적이지 않다. 합의가 유지되는 동기는 우리가 그것을 계약과 연계하든 그렇지 않든 상관없는 것이기 때문이다.

홉스는 그의 논증 전반에 걸친 동기(Motiv)의 기반이 합리적 자기 관심이라는 데 의심의 여지를 두지 않는다. 홉스는 정치철학에 있어 모든 규명의 문제를 오직 합리적이고 교화된 자기 관심의 입장을 이용해 해결하려고 했던 철학자라고 알려져 있다. 자연상태에서의 도구적 이성이 남겨준 교훈의 특징을 다시 한 번 상기해 보자 : 누구나 평화를 원하고 이성적인 합리적 협동심의 규정에 동의한다. 그러나 우리는 이렇게 모든 당사자가 동의하는 것에 의해서도 우리 공동의 요구 및 반드시 필요하다고 인식되는 절제의 시스템이 여전히 효력을 발생하지 못한다는 것도 알고 있다. 지속적이고 효과적인 합의가 만들어지기 위한 분위기를 조성하고 모든 사람에게 충분히 공포심을 주고 만인의 행위를 공동선(善)에 기여하도록 조정해 주는 공식적 권한이 정착되어야 한다는 것도 누구나 알고 있다. 세 번째로서 우리는 통치제도가 오직 위임을 통해서만 가능하고 위임에 의해서만이 복종을 강요할 수 있는 권한을 가지며, 이렇게 될 때 합리적 협동성의 규칙이 지켜지는 것을 안정적으로 만드는 권한을 가진다는 것도 알고 있다. 평화를 촉진하는 행위를 충분히 유도할 수 있는 동기를 부여하는 상황은 통치권이 행사될 때 비로소 만들어진다. 홉스에 따르면, 평화에 대한 인간의 태생적 관심과 만족스러운 삶을 실현하기 위해 반드시 거쳐가야 하는 필연적이고도 합리적인 길이 바로 절대군주이다. 그리고 이 길을 만들어 주는 계약은 계약 스스로의 동기에 의해 형성되고 지켜진다. 그러나 이런 성격 때문에 계약이 계약의 성격을 잃어버리는 것은 아니다. 계약은 일종의 법률이고 자발적 의무부과 과정의 근원이기 때문이다. 계약은 바로 이러한 기능 때문에 홉스가 말하는 인간들로부터 시작된다. 그리고 오직 이 기능을 근거로 통치권의 기반이 확보되고 리바이어던의 상징적 탄생지 및 리바이어던에 의해 실현되는 정치적 통일체로 간주될 수 있다.

개별적으로는 직접 유도될 수 없는 자연적 권리로부터

나오는 통치권을 인위적으로 형성하는 문제는 오로지 계약에 의한 개인의 자기 구속력이 실현될 때 가능하다. 햄프턴은 또 홉스의 혁신적 근대성을 폄하했다. 홉스는 전통적 합리성의 본질을 도구적-전략적 이성의 계산으로 대체하고 개인적 관심을 인간 행위의 주요 동기로 보았다. 홉스는 또한 세속적 시기에 통치권은 계약에 의한 자유의 박탈 및 개인의 자기 구속성의 토대 위에서 기초 철학적으로 규명될 수 있다는 것을 인식했다. 홉스의 논거에 대한 진 햄프턴(Jean Hampton)의 비판적 재구성은 권력 정당화 이론의 요소를 간과했다는 비난을 받을 여지가 있다. 햄프턴의 홉스에 대한 비판은 개인주의에 기원을 두고 있는 군주세력의 합법화 및 정당화를 순수 철학적 문제 제기의 맥락에서 다루고 있지도 않고, 평화정착에 기여하는 시민계층의 복종적 태도에 대한 합법화 이론의 중요성도 인식하지 못하고 있다.

우리가 어떤 사람에게 (전권을) 위임한다는 것은 그에게 우리의 이름으로 우리의 입장에서 어떤 일을 할 수 있는 권한을 부여한다는 뜻이다. 위임은 여기에서 기한이 정해져 있고 특정 목적과 결부되어 있는 전권위임을 말하며, 결코 권리를 위임한 사람의 권리 포기를 의미하지 않는다. A는 B에게 A의 입장에서 A의 권리를 인지하고 A의 권리를 대신 행사할 수 있는 권리를 부여함으로써 전권을 위임한다. 위임에 대한 이와 같은 일반적 이해는 그러나 홉스가 말하는 위임의 개념은 아니다 : 계약 체결을 통해 주권이 위임되는 것은 권리인지를 대신하는 것을 포괄하지 않고 다만 자기 통제 권리를 포기하는 것을 의미한다. 홉스의 위임 개념은 법률적으로 대표하는 관계를 설명하는 시도가 아니다. 그리고 이러한 시도는 위임을 계약과 결부시켜서는 더더구나 이루어질 수 없다. 계약을 통해 규명되는 군주의 합법적 구속의 자유를 무효화하는 계약을 »피지배자와 결합시켜 일종의 피드백 관계를 만드는«[99] 위임행위는 결코 계약을 수정할 수 없다.

권리 포기처럼 계약 당사자 간의 상호 약속에만 기반을 두는 위임에 합의하는 것은 정치적 통치권 행사를 정당화하는 기능과 정치적 통일기구를 만드는 기능 두 가지를 담당한다. »많은 사람이 한 사람에 의해 대표되고 이것이 개개인의 동의에 의해 이루어진 것이라면 다수의 인간이 한 사람으로 되었다고 말할 수 있다. 이때 대표자가 한 사람이라는 뜻이며, 대표된 것이 하나라는 뜻은 아니다. 물론 다수에 있어 하나라는 개념은 잘 이해되지 않는 면이 있다. 왜냐하면 다수는 본래 하나가 아니라 여럿으로 구성된 것이므로 이름을 통해 대표되는 행위 및 말의 저자는 한 사람이 아니라 여러 사람이라고 간주되어야 한다. 그리고 공동의 대표자에게 그의 전권을 위임하고 대표자의 모든 행동을 자신의 행동으로 인정하는 개개인은 그 대표자에게 무제한의 대표권을 위임한다.«[100] 자기 통제의 권리를 계약적 합의에 따라 이양하고 위임함으로써 다수는 군주에 의해 실체화되는 정치적 단위가 된다. 다시 말해 권리 이양과 위임행위를 통해 다수는 군주에 의해 영혼을 부여받는 정치단체가 된다. 홉스 스스로도 위에 인용한 『리바이어던』의 서문에서 절대군주를 »인위적 영혼«이라고 표현하면서 »이 영혼이 몸 전체에 생명과 운동력을 부여한다«고 적었다. 정치기구를 지배하고 움직이는 군주의 의지는, 인간이 자연상태에서 자기 실현의 권리가 있음을 인지하고 자신의 신체와 행동을 다스리고 결정하는 것과 마찬가지이다. 그리고 계약을 체결한 다수의 사람이라면 누구나 위임행위를 통해 군주의 행위를 도덕적 · 법률적으로 정하는 사람이 될 수 있다. 다수가 하나의 정치단위가 되는 것은 실질적으로 하나의 의지결합이 이루어질 때 가능하다.

그러나 실질적인 하나의 의지결합은 모든 개인이 똑같은 것을 원하거나 한 사람이 원하는 것을 자기도 원하는 것으로 인정할 때에만 가능하다. 그리고 정치적 단위에 대한 홉스의 생각은 후자에 기인한다[루소(Rousseau)는 정치적 단위에 대한 설명의 기반으로 전자를 택했다]. 다수의 구성원은 누구나 위임행위를 통해 군주의 행위 생산자가 된다. 군주의 모든 행위는 따라서 언제나 두 명의 생산자, 즉 행위 인과성의 법칙을 따르는 자연인으로서의 생산자와 도덕적-법률적 생산자를 갖는다. 군주의 자리를 차지하고 있는 자연인으로서의 행위가 있는 반면, 또 다른 한편으로는 이 절대주권에 의해 실체화된 인위적 인간의 행위가 있다. 그리고 인위적 인간은 다시금 권리 이양과 전권위임이라는 행위로부터 만들어진 것이므로 이에 대한 세부적인 개념 분석을 해보면 제3의 생산자, 즉 군주의 행위를 역시 자신의 그것으로 간주하는 개별 시민이 또 구분될 수 있다. 이러한 구분은 논리적 분석의 수단으로만 존재한다. 위임 개념의 핵심은 시민을 군주와 정치적 동질성을 갖는 것으로 확인하는 일이다. 위임제도는 흡수되어 동질적인 대표제를 구축하는 것이고, 대표제를 통해 다수의 사람들이 하나의 정치단위로 전환됨으로써 절대주권은 개인의 자기 결정권을 흡수하고 동시에 그들의 위임을 받은 대표자가 된다.

이러한 구성을 통해 리바이어던의 그림자 속에서 평화롭게 살고 있는 개인으로 이루어진 다수와 국가가 구분되며, 공동체의 층위와 정치적 층위가 구분된다. 다른 한편으로 이러한 구성은 정치적 통합단위로서의 민중과 군주 사이의 동질성을 규명한다. »민중은 하나의 의지로 함께 뭉친 단위로서, 다수의 대중과 관련해서 언급될 수 있는 내용이 민중에는 해당되지 않는다. 민중은 어느 국가에서나, 심지어 왕정이 지배하는 곳에서도 지배력을 행사한다. 이때 민중은 그들의 뜻을 한 사람을 통해 표현한다. 반대로 다수의 대중은 [⋯] 피지배자들로 구성되어 있다. 민주주의와 귀족정치가 이루어지는 곳에서 시민은 다수의 대중이고 전권을 위임받은 의회는 민중이다. 왕정국가에서는 피지배자가 다수 대중이고 왕이 (역설적으로 들리겠지만) 민중이다.«[101] 왕이 곧 민중이다(*Rex est populus*)—통치자와 피지배자를 동질적으로 파악하는 민주주의의 이상이 이미 여기에서 희미하게 빛을 발하고 있다. 민주주의의 개념적 도구가 이미 마련된 것이다. 루소(Rousseau)는 다만 이 문장의 어순을 바꿔 동질적 대표제로부터 동질성으로 향하는 길을 가기만 하면 됐었다 : *populus est rex*(민중이 곧 왕이다).

이러한 구성체 계약을 통해 국가의 본질적 법치구조와 정치구조의 동기가 확립되었다. 여전히 남아 있는 문제는 권리 포기라는 계약요소와 권력 이양 그리고 위임제 및 정치적 단위 형성과정으로부터 군주의 모든 권리와 시민의 모든 의무가 도출될 수 있는가라는 문제이다. 구성체 계약에 의해서도 자연상태는 아직 극복되지 않았다. 국가의 구성체 계약은 불완전하다. 이것은 다만 절대주권의 모양을 스케치한 것일 뿐, 여전히 구체적인 설명을 필요로 한다. 구성체 계약은 조직계약을 통해 보완될 필요가 있다. 절대주권의 도입 시기를 알리고 계약 당사자 집단이 특정 통치형태에 합의하고 통치자를 결정하는 것은 조직계약에 의해 성사되기 때문이다.

하지만 계약 당사자로 이루어져 있는 집단이 어떤 결과에 만장일치로 합의하기란 예상될 수 없으므로 이 집단은 먼저 다수결의 원칙에 합의해야 할 것이다. »국가의 시작을 선포하는 것은, 다수의 대중에 있어 각자가 서로 한 목소리로 계약에 합의하여, 계약에 찬성하거나 반대한 사람 모두 다수에 의해 자신을 대표할 수 있는 권리를 부여받는 사람 또는 집단의 행위와 판단을 대표자로서 인정하고 대표자 및 대표집단도 평화로운 공생과 경쟁자로부터의 보호를 목적으로 행위하고 판단한다는 점에서, 대표자의 행동을 마치 자기 자신의 것인 것처럼 인정하여 대표자 및 대표집단에게 전권을 위임하는 것이다.«[102] 계약을 통해 조직된 절대주권은 왕정 및 귀족정치 그리고 민주주의라는 여러 가지 스타일로 나타날 수 있다. 통치조직은 절대주권이 서로 다른 성질의 기구로 나타나는 것이고, 따라서 정당성의 관점에서 서로 구분되는 것이 아니라 오직 »민중의 평화와 안전에 대한 적절성 및 적합성«[103]에 의해 구분될 뿐이다.

여기에서 우리는 반대의 경우, 즉 폭력적 국가 건설의 경우에 대해서도 생각해 볼 수 있다. 폭력국가에서는 위임 및 계약에 의한 상호 인정이라는 개념을 통해 권력을 가진 자의 의지로 통일체가 구성되는 일은 아직 소원하다. »주권이 폭력을 통해 획득되는 곳에서 국가는 선점에 의해 건설된다. 폭력을 통해 국가가 탈취되는 과정은—개별적이든 집단적이든—죽음이나 노예화에 대한 인간의 두려움 때문에 자신의 생명과 자유를 폭력으로 빼앗은 사람 또는 집단의 모든 행위를 다수의 동의를 통해 자기 자신의 행위로 인정해 줌으로써 성립한다.«[104] 계약이 공포심 때문에 체결될 수 있다는 것은 충분히 이해 가능한 일로서 홉스도 이렇게 성립된 계약을 무효한 것으로 간주하지 않았다.[105] 폭력으로 국가를 선점하는 일에 관한 홉스의 설명은 결코 자연상태의 에피소드를 보고한 것이 아니다. 폭력에 의한 점유는 합의에 의한 기구화와 더불어 절대주권의 체계가 경험적으로 완성되는 또 다른 가능성이며, 군주체계는 합리적으로 조사된 자연상태의 극복 프로그램을 간결하게 표현한 것으로서 그 기본 요소는 기초 계약을 통해 가시적으로 표현된다.

기초 계약은 학술적 이해를 돕기 위해 마련된, 정치적 경험론이 처해 있는 개념형태이다. 기초 계약은 역사적 국가형성과정을 포괄하여 정치적으로 파악하는 데 필요한 해석의 패턴을 제시한다. 계약이론의 규범적-개념적 전제가 마련되지 않고는 폭력에 기원을 두고 있는 통치권이 국가의 통치권도 될 수 없고, 주권도 행사할 수 없으며, 다만 불안정한 자연상태에 지나지 않을 것이다. 이 우발적인 폭력적 통치권을 계약이론에 충실하게 해석할 때 비로소 물리적 우월성으로부터 지배자의 권리가 형성될 수 있고, 피지배계층으로부터 하나의 정치적 단위가 형성될 수 있다. 최강자에 의해 획득된 권력이라도 전권위임의 행위를 거치지 않으면 주권으로 성립되지 않는다. 자연상태의 문제를 혼자 해결할 수 있는 인위적 인간은 역사적으로 형성된 국가의 실체이든, 폭력에 의해 형성된 것이든 합의에 의해 형성된 국가적 실재이든 계약이론에 충실한 해석 속에서만 존재한다. 오직 계약이론에 충실한 해석을 통해서만 군주의 권리가 인식될 수 있고 시민이 완수해야 할 의무도 인식될 수 있다.

군주의 권리와 시민의 의무

홉스의 계약은 통치권력을 규명하는 계약으로서 통치권을 제한하는 계약이 아니다. 모든 것을 행사할 수 있는 권리를 포기하는 것, 태생적 자유의 과제, 전권위임, 자기 통제의 권리를 이양하는 것 등은 모두 계약 당사자에게 어떠한 자유와 권리도 남겨놓지 않는 무조건적 양도이다. 이러한 계약내용은 계약의 역사에서도 전무후무한 것이다. 홉스 이후의 계약은 언제나 통치권의 목표를 규정하는 데 이용되었다.

로크(Locke)의 의미에서 계약은 영구적 개인의 기본권이라는 토대에서 체결되는 것이고, 군주에게 다만 박탈되는 기본권을 보호하는 데 필요한 권리만을 양도할 뿐이었다. 로크에 있어 계약은 개인의 기본권을 통치권력의 한계로 명시한다. 칸트(Kant)는 심지어 계약구조를 통치권을 제한하는 내용이라고 이해했다. 홉스의 계약국가는 절대권력을 가지지는 않지만 자유분방한 기본권이나 인권에 의해 제한되지 않으며, 이성규범 및 자연법에 대한 이해에 의해서도 제한되는 권력은 아니었다. 홉스의 정치철학은 계약에 의해 성립되는 개인의 자기 구속성을 통해 국가 절대주의를 정당화하고 절대권력을 급진적 개인주의로 규명하는 예사롭지 않은 모습을 나타낸다. 리바이어던이 아무리 강력하고 커다란 공포심을 조장한다 하더라도 또 헌법주의와 인권보호 및 폭력 사용과 법치국가, 그리고 참여 및 정당화에 대한 우리의 관념도 매우 대조적인 것이라 하더라도 우리의 정치-문화적 자기 이해에 바탕을 두고 형성된 규범적 개인주의가 홉스에 의해 전개된 개념이라는 것은 언제나 새롭게 기억될 필요가 있다. 국가 절대주의의 형성과정과 정당화의 근거는 이 개인주의에 있다. 홉스의 정치철학은 어두운 시기의 어두운 역사를 설명하는 이론이 아니다. 리바이어던은 규범적 개인주의의 결과이자 근대 서구의 헌법국가, 즉 민주주의화의 결과로 만들어진 산물이다.

계약의 목적과 그 내적 논리로부터 이제 홉스가 »절대 주권의 본질«[106]을 완성한다고 생각한 12개의 법률조항이 자연스럽게 파생된다. 이 조항들을 전체로서 유지하고 축소 또는 포기하지 않는 것이 군주의 의무이다 : »군주가 주권적 권력으로 임명되는 이유는 민중의 안전에 대한 염려가 그것을 요구하기 때문이다.«[107] 따라서 군주도 의무를 피해갈 수 없다. 군주는 계약에 따라 부여된 의무에 속박당하지는 않지만 자신을 군주로 만들어준 목적, 즉 평화롭고 만족스러운 삶의 조건을 마련하고 유지해야 하는 의무로부터 자유롭지 않다.

(1) 계약은 피지배자의 입장에서 해지될 수 없다. 전권위임은 취소될 수 없으며, 존재하는 통치권력도 법에 따라 공격의 대상이 될 수 없다. 시민의 복종의 의무도 군주의 권력만큼이나 절대적이다. 계약이 갖는 법적 구속력은 신(神)과의 계약을 들먹임으로써도 취소되거나 상대화될 수 없다— 이 조항에는 17세기 영국에서 일어났던 종교간 시민전쟁에 대한 경험이 반영되어 있다.

(2) »개인을 구체화할 수 있는 권리가 계약 당사자로부터 군주로 임명된 사람에게 이양될 때, 이 이양은 군주와 개인 사이에서 일어나는 것일 뿐 군주와 개인에 의해 체결된

계약 사이에서 일어나는 것이 아니므로 계약은 군주의 입장에서 파기될 수 없으며, 결과적으로 피지배자 가운데 그 어떤 사람도 계약의 효력 상실을 주장하며 복종의 의무로부터 벗어날 수 없다.«[108] 군주는 계약의 수혜자지만 계약에 참여하는 사람은 아니다. 그는 계약의 전형적 상호 부조의 구조에 의해 구속받지 않는다. 계약을 통해 그에게 부여되는 의무는 아무 것도 없다. 계약은 이렇게 좀 낯선 방식이긴 하지만, 지배관계의 법적 자유를 법률적으로 보호하는 데 기여한다. 피지배자는 군주에 대해 어떤 의무가 부여되어 있는 것이 아니라 피지배자들 스스로 서로에게 의무를 부여하고 있음이 이러한 계약의 논리로부터 도출된다. 피지배계층은 군주 때문이 아니라 같은 시민계급 때문에 권리를 포기하고 전권을 위임함으로써 절대적인 정치적 복종심을 갖는다. 군주의 위치를 계약 외적인 것으로 설명하는 이유는 국가의 평화 정착에 필요한 필요조건과 충분조건에 대한 홉스의 일반적 견해 및 국가를 최후기관으로 간주하는 홉스의 생각과 밀접한 관계가 있다. 만약 통치권을 가진 군주가 계약 당사자라면 계약을 체결한 사람들끼리 계약내용에 대해 다툼을 하는 경우 과연 누가 이것을 중재할 것인가? 이때 다툼은 아마도 폭력이 행사되는 상황으로 번질 것이고, 이것은 자연상태로의 회귀를 의미한다. 따라서 군주를 계약 당사자로 하여 양도된 주권은 자연상태를 평정하는 데 전혀 적절하지 않은 수단이 될 것이다.

(3) 다수결에 의해 패한 사람들도 모두 다수에 의해 선택된 군주를 수용해야 한다. 이들이 군주를 인정하지 않으면 이들은 다수결의 원칙을 규칙으로 정한 계약을 파기하는 것이 된다. 이렇게 되면 그들은 전쟁상태를 고집하는 것이 되므로 아마도 국가의 적으로 박해받을 것이다.

(4) 영원불멸의 신(神)과 마찬가지로 계약을 통해 탄생된 »유한 신(神)«도 모든 권리와 의무로부터 자유롭다. 불멸의 신(神)도 유한 신(神)도 모두 완벽하다. 유한 신(神)이 탄생될 수 있는 조건도 그의 완벽성 때문이다. 그는 부당한 일을 할 줄 모른다 : »피지배자는 모두 […] 그들이 정한 군주의 행위와 판단을 생산하는 사람이라는 사실로부터 군주는 그의 행위로 인해 피지배자 가운데 누구로부터도 부당한 대우를 받을 수 없으며, 그 어떤 사람으로부터도 부당행위를 했다고 탄원되어서는 안 된다는 결론이 도출된다. 타인에 대한 지배력을 근거로 어떤 행위를 하는 사람은 그 지배력을 부여한 사람에게 부당한 일을 하지 않기 때문이다. 그러나 개인은 군주가 행하는 모든 것의 생산자이고, 따라서 군주의 부당행위를 불평하는 사람은 자신이 생산자로 동참한 일에 대해 스스로 불평하는 셈이 된다. 그러므로 군주의 부당행위

를 탄원하는 것은 자기 자신에 대한 탄원 외에 아무 것도 아니다.«[109] 모든 계약은 *volenti non fit iniuria*—동의한 사람은 그가 동의한 것으로부터 어떠한 부당한 대우도 받을 수 없다는 것을 모토로 한다.

군주의 완전무결성은 또 다른 논거에 의해서 규명되기도 하는데, 그것은 바로 군주는 완전히 무법상태에서 통치한다는 것이다. 군주의 행위는 어떤 규범적 조항에 의해서도 제약되지 않는다. 군주는 합법적으로 정해진 통치규정을 바탕으로 이 무법의 상황에 정비된 기구조직을 도입하고 입법행위를 통해 법률관계를 마련하는 것을 임무로 한다. 이 국가 법률은 따라서 무엇을 »정당하고« 무엇을 »정당하지 않은« 것으로 간주할지 결정한다. 하지만 규범을 정하는 규칙은 그 규칙이 정해지는 과정에서 규칙으로 적용될 수 없기 때문에 논리적 이유에서 국가의 부당 행위 가능성도 완전히 배제되지 않는다. 최소한 부당하지 않은 법률은 있을 수 없다. 홉스는 선한 통치자가 있고 악한 통치자가 있다는 것을 인정하고는 있지만, 통치의 질적 측면은 법률적 기준에 따라 평가되는 것이 아니라 오직 정치적–수단적 기준에 따라서만 평가된다고 생각했다. 군주의 통치권 행사는 그가 이성의 규범 및 자연상태의 평등규칙에 드러나 있는, 자연상태를 극복하는 프로그램을 효과적으로 추진하면 할수록 좋은 것이

되며, 민중의 평안에 많이 기여하면 할수록, 그리고 사람들을 적절한 법으로 통제하여 »과도한 욕심과 조급함 그리고 어리석음 때문에 스스로를 다치지 않도록 […]«[110] 하면 할수록 좋은 것이 된다.

(5) 위의 논거는 군주를 형법에 의해 처벌하는 것도 불가능하다는 것을 규명한다. 국가 안팎의 평화를 안정적으로 구축하는 수단에 대한 모든 결정권은 군주 한 사람에게 있다. 누구를 국가 내부의 적으로 간주하고 누구를 국가 외부의 적으로 간주할 것인지는 오직 군주 한 사람만이 결정할 수 있다.

(6) 시민전쟁을 예방하는 방안으로서 검열의 필요성이 등장한다. 군주는 모든 이론 및 여론에 대한 심판자로서 »어떤 이론 및 여론이 평화에 저촉되는지 어떤 것이 평화에 기여하는지 판단해야 한다. 이어서 일반 대중에게 연설을 할 때에도 어떤 이유에서, 어느 정도로 대중을 신뢰해야 할지 판단해야 하며, 모든 책과 출판물을 누가 검열해야 하는지 결정해야 한다.«[111] 군주는 자연상태의 인간만큼이나 의심을 품고 있어야 한다. 예방적 조치로서의 이성이 군주로 하여금 검열과 통제라는 방식을 취하게 할 것이다. 군주는 진리에 대한 이론적 · 실천적 논의 및 공동체 지식체계의 여론 형성 과정도 주의 깊게 감독해야 하며, 정치적으로 시의적절하게

무엇이 진리로 여겨질 수 있으며 무엇이 그렇지 않은지에 대한 판단과 가치평가의 기준을 확정해야 한다.

홉스는 또한 대학을 길들여야 할 필요성에 대해서 여러 번 언급했다. 지식인들은 믿을 수 없다는 것이다. 홉스의 정치적 병리학은 본질적으로 혁명과 시민전쟁에 대한 보수적인 분석을 취한다. 사회적 결점, 공동체의 긴장관계, 폭력과 빈곤 등이 국가를 약화시키고 불안과 폭동의 원인이 되는 것이 아니라 지식인의 반항적 비판 및 그들의 말과 글, 그리고 불복종의 태도가 국가의 불안을 초래하며 국가의 주권을 뒤흔든다는 입장이다. 국가의 평화질서를 위협하는 가장 큰 요소로서 홉스는 저항을 찬미하는 과거의 이론과 진리요구에 대한 기독교의 혁명적 태도를 꼽았다. 홉스는 첫 번째 위험요소는 금서로 정해짐으로써 제거된다고 믿었고, 두 번째 위험요소는 국가 권력을 교회 및 기독교 이론으로까지 확장함으로써 제거된다고 믿었다. 교회 조직적으로도 이데올로기로서도 신학은 국가에 대한 상대 권력으로 정착되어서는 안 되며, 간접적 폭력을 통해 권력기구에 참여해서는 안 된다. 이를 위해 군주는 정치적 권력과 교회의 권력을 자신에게 하나로 집중시켜야 하고 교회의 수장으로서 역할해야 한다.

군주의 합법적 권력은 복종을 강요할 수 있을 정도로 확장된다. 겉으로 드러나는 행위 및 군주의 말과 글에 대해 시민은 모든 관점에서 절대적으로 복종해야 한다. 도덕과 종교는 공식적 표현에서 엄격하게 정치의 지배를 받는다. 하지만 일반 시민이 마음 속으로 무엇을 생각하고, 무엇을 비밀리에 믿으며, 어떠한 확신에서 그들이 복종심을 나타내는지 등은 모두 군주가 관여할 일이 아니다. 군주는 태도를 가르치는 사람일 뿐 신조를 가르치는 사람은 아니다. 그는 시민에게 합리적인 준법태도를 가르쳐야 한다. 하지만 그는 시민을 교육할 수는 없다. 군주는 옳고 그름에 대해 개념적 정의를 내리는 역할을 하지만 사람들이 어떠한 도덕적 신념으로 내적으로 무장해야 할지 규정하는 것은 그의 임무가 아니다. 리바이어던은 교육하는 국가가 아니며, 그의 합법적 권한은 오직 사람들 사이의 질서영역에만 미칠 뿐이다. 인간의 내적 영역은—이로서 홉스의 절대 권력주의는 자유주의의 본질적 요소를 미리 취하고 있다—접근되지 못한 채 남아 있다. 양심의 문제에 관해서는 정치가 간섭할 수 없다. 하지만 시민의 복종의무를 감시하는 권리는 이 경우에도 군주에게 남아 있다.[112]

홉스의 리바이어던이 20세기 전체주의 정권의 전신이라고 하는 주장은 이러한 이유에서 잘못된 것이다. 20세기에 나타난 전체주의는 모든 면에서 볼 때 이데올로기의 특징을 지닌다. 전체주의는 세계관을 하나로 통합하려는 의지를 포기하지 않으며, 자기 합법화를 위해 이데올로기를 사용하고 적을 차별하고 도덕적으로 파산시키기 위해 이데올로기를 사용한다. 리바이어던이라는 평화기계는 이와 반대로 공동체의 의식구조를 평화유지의 목적을 위해 감독하는 것이 불가피하다고 생각하기는 하지만 이데올로기가 개입된 통합정책은 포기한다. 전체주의는 내용적 가치 확신을 토대로 사회의 응집력을 유도할 수는 있지만 그 안에 나타난 안정화 프로그램은 진리와 거리가 먼 평화정책에서 정점에 이른다.

오직 자연상태로부터 벗어나기 위해 만들어진 국가는 처음부터 자연상태의 매력에 빠져 있다. 이 매력은 일차원적 질서정책을 고수하는 데 있으며, 자연상태에만 이 매력이 있다. 자연상태의 군주는 안전성 확보라는 임무 때문에 공포와 불안을 조장할 의무가 있다. 리바이어던은 자유분방한 감시국가가 아니다. 그의 가장 내적 본질에 숨어 있는, 자연상태의 부정적 실재는 리바이어던으로 하여금 언제나 감시, 감독할 것을 강요한다. 자연상태의 행동논리가 어쩔 수 없이 리바이어던이라는 국가의 그것이 된다. 자연상태의 삶이 축소되어 환원된 것처럼 보이는 이 끔찍한 단순화는—삶과 죽음, 적과 동지—국가에 의해 정치적 삶에 대한 기초적 평가의 원칙으로 채택된다. 군주는 자연상태의 인간의 자기 보존 투쟁을 반복할 따름이며, 그 속에서 발달한 예방과 의심의 논리를 수용하기만 하면 된다.

(7) 군주는 입법자 및 사법질서의 창조자로서 소유재산의 개념 및 법적인 내 것과 네 것을 누구나 공감할 수 있도록 결정하고 재화 교환에 의한 이익 분배를 조정한다. 절대주권의 본질은 바로 자연상태라는 무법공간에 법치질서를 부여함으로써 질서를 확립하는 능력, 즉 입법권에 있다. 흥미로운 것은 이때 홉스가 평화를 조장하는 방법의 하나로서 국가의 사회정책도 포함시켰다는 사실이다 : »불가피한 사건으로 인해 많은 사람들이 스스로의 힘으로 생계를 유지할 수 없을 때 개인의 안녕을 그 당사자에게 맡길 것이 아니라 국가의 입법제도를 이용해서 삶에 필요한 최소한의 것을 마련할 필요가 있다.«[113] (8)번 조항에도 이와 마찬가지로 »권리를 약속할 권리«가 명시되어 있다[114]; 평화를 보장하는 법의 실현은 분쟁사태에 대해 구속력을 가지는 결정을 내릴 수 있어야 하고 법적 갈등을 제거할 수 있는 방법을 마련할 수 있어야 한다. 더 나아가 절대주권을 소유함으로써 전쟁을 선포할 권리도 갖는다(9). 행정부 요인과 장관을 임명하고 선택할 권한(10) 및 꼭 필요한 지지와 처벌을 효과적으로 실시하기 위한 처벌 시스템과 보상 시스템을 마련할 수 있는 권리(11, 12)도 절대주권 소유자에게 있다.

우리가 또 흔히 간과하는 것은 홉스가 국제법, 그러니까 국가간 평화상태의 정착에 대해서도 언급한 바 있으며, 평화학문으로서 그의 정치철학이 미치는 범위가 절대주권을 조직적으로 확립하는 문제에만 그치지 않는다는 사실이다.[115] »우리가 흔히 국제법이라고 부르는, 서로 상이한 주권국가들 사이의 상호 의무에 대해 나는 […] 아무 것도 언급할 필요가 없다. 왜냐하면 국제법과 자연법은 동일한 것이기 때문이다. 모든 군주는 그의 백성에게 안전을 보장할 권리가 있는데, 이것은 자신의 신체적 안전을 보장하기 위해 개개인 누구나 가지고 있는 권리와 동일한 것이다. 그리고 상호적 관계에 있어 인간이 무슨 일을 해야 하고 무슨 일을 하지 말아야 할지 인간을 구속하는 법과 똑같은 법이 국가에 대해서도 구속력을 가지는 것으로 인정될 수 있다 […].«[116] 국가 간의 상황도 홉스가 볼 때에는 자연상태를 전형으로 이해될 수 있으며, 국가 상호 간의 관계에도 자연상태에서의 사람들 사이의 상호 관계에 해당하는 것과 똑같은 논리가 적용된다.

물론 정치적 다원체가 하나의 범우주적 정치단위화될 수 없다는 것은 위와 다른 큰 차이점이다. 국가 간에 존재하는 자연상태는 극복될 수 없다. 인간들 사이에 존재하는 자연상태로부터 유래한 주권 개념은 여러 가지 이유에서 국제상황에 적용될 수 없다. 메가-리바이어던은 아마도 코미디와 같은 개념이 될 것이고, 리바이어던의 내적 논리로부터 가능하지도 않다. 모든 권리와 권한을 포기하는, 평화를 가능하게 하는 전략은 국가간 주권층위에서 반복될 수 없다. 홉스가 만약 국제법을 합리적 협동성이라는 이성규범의 효용범위가 단순히 확장된 것이라고 정의한다면 한 가지 생각해 볼 문제는, 이 이성규범이 자연상태에서 언제나 유보조항을 가지고 있음에 틀림없다는 사실이다. 이때의 유보조항은 절대 통치권력이 형성될 때 비로소 효력을 잃게 되는데, 국가 간에 존재하는 자연상태 속에서 이 유보조항은 군주가 결코 간과해서는 안 되는 것이기 때문이다. 마찬가지로 이성규범은 자연상태에 살고 있는 사람들의 예방전략을 넘겨받는다. 그리고 이성규범이 무자비한 제국주의의 전략을 따를 수 없는 것이라면 이것은 언제나 자기 고유의 무기창고 및 군대의 우월성을 확보하는 데 노력해야 할 것이다.

국가 간 평화의 개념에 대한 홉스의 생각은 자연상태의 개별 인간들이 그들의 생존전략을 위해 구상했던 요소들을 바탕으로 한다. 그 요소들은 모두, 무장한 합리적 불신이라는 이름으로 통칭될 수 있는데, 이 불신의 최대 합리성은 타인의 불신도 정당한 것으로 인정한다는 데에 나타난다. 이로써 자연상태라는 조건에서 공존을 보장하는데, 개개인에게는 불충분한 것으로 여겨지는 도구가 홉스가 볼 때에는 국가간 전쟁이 없는 상태를 만들기 위해 충분한 도구가 된다. 이때의 핵심사상은, 전쟁을 예방하는 방법은 전쟁을 일으킬 수 있는 국가에 대해 전쟁비용이 너무 지나치게 많이 든다는 것을 알게 하여 합리적으로 생각해 보았을 때 전쟁을 일으키지 않는 것이 더 이익이 된다는 것을 알게 하는 것이다. 따라서 전쟁을 예방하는 핵심사상은 지속적인 무장을 통해 공포분위기를 균형적으로 조성하는 것이다. 그러나 무장전략은 남보다 늦게 무장하는 위험을 피하려고 하기 때문에 필연적으로 남보다 먼저 군비를 갖추려는 경향이 있다. 결과적으로 공포분위기를 균형적으로 조성하려는 생각 자체가 군비경쟁을 유도하는 결과를 초래한다.

그렇다면 국제법은? 자연상태에서 개인의 자기 보존 관심이 이성규범의 지배를 받는 것처럼 군주의 자기 보존 관심은 국제법의 지배를 받는다. 자연상태에서 합법적 폭력 사용과 불법적 폭력 사용을 구분하는 것이 거의 불가능했던 것처럼 불가피한 분쟁상황에 있는 국가 간 입장에서 정당한 전쟁과 부당한 전쟁을 구분하는 것도 불가능하다. 개인 및 국가의 태생적 의무에 대한 이론을 포기하면서 홉스는 정당한 전쟁 및 부당한 전쟁에 대한 이론도 포기했다.

군주와 시민 대중 사이에는 계약관계가 성립하지 않는다. 하지만 평화와 안전이라는 목표에 대해 군주가 행해야 할 의무가 있었던 것처럼 자기 보존과 평화유지라는 목표를 위해 시민이 갖는, 포기할 수 없는 권리도 있다. 계약상으로는 전혀 드러나지 않는 시민권과 주권의무의 관계는 국가 건설의 합리성이 형식적으로 규명되는, 수단－목표－관계에 분명 정확히 일치한다. 포기할 수 없는 시민의 권리는 자기 보존의 관심과 일치하며, 주권의무는 이 자기 보존의 관심에 효과적으로 기여하고 자연상태로의 회귀를 저지하는 국가의 임무에 상응한다. 포기할 수 없는 권리는 자기 보존, 자기 방어 그리고 정당방위의 권리이며, 이 권리는 정치적 의무에 대한 시민의 한계를 형성한다. 자유를 포기한다는 계약이 자기 방어의 권리를 포함하는 것이라면 말도 안 된다. 모든 것을 할 수 있는 권리는 그야말로 자기 보존을 위해 필요한 것이라면 어떤 일도 할 수 있는 권리이다. 자연상태를 전쟁상태로 바꾸는 것은 자기 보존의 권리 자체가 아니라 자기 보존의 권리가 관철된 결과이다. 국가 건설의 합리적 동기는 갈등을 일으키는 방식으로 관철되던 자기 보존의 권리를 조직화된 평화질서의 틀 안에서 안정된 권리로 대체하는 데 있다.

만약 국가의 행위가 인간의 삶을 심각하게 위협한다면 자기 보존권은 질서 확립의 목적을 위해서도 포기될 수 없고 국가 조직이 법에 따라 복종을 요구할 수도 없다는 것은 분명하다. 물론 이 당연한 자기 보존 및 정당방위라는 유보조항이 홉스의 국가 철학을 곤란하게 만드는 것도 사실이다.

홉스는 우선 국가 형법의 합법성, 즉 그 누구에게도 폭력 및 경우에 따라 죽음도 감수해야 한다는 것을 계약을 통해 의무화할 수 없다는 것을 설명해야 하는 문제를 가지고 있다. 다른 한편으로 홉스는 외부로부터 국가를 방어하는 방어능력 또한 확보되어야 한다는 문제를 안고 있다. 이 두 문제가 서로 충돌하는 이유는 그 누구도 자기 보존이라는 관심으로부터 전투요원이 되려고 하지 않을 것이고, 자기 보존 권리는 군주로 하여금 군대제도의 도입을 금지하기 때문이다.[117]

홉스의 정치철학은 그것이 간과했던 고대의 윤리학과 마찬가지로 의무이론,[118] 다시 말해 평화의 조건 및 정돈된 시민상태의 법제도, 그리고 시민의 의무 등에 대해 가르치려고 한다. 홉스의 시민윤리는 간단하다. 이것은— 복종하라, 군주에 협력하라 그리고 저항하지 마라— 오직 하나의 조항으로 되어 있다. 홉스의 시민윤리는 아무 사심 없는 자기 보존의 관심이 평화를 가능하게 하고 이에 대한 필연적 결과로서 무조건적인 복종의 의무가 강조될 수 있다고 생각한다. 국가의 생산자이자 재료인 인간은 리바이어던의 합리적 형성법칙을 자신에게 주어져 있는 자연상태로부터 이끌어 온다. 이러한 생성적 방법은 정치윤리의 모든 규범적 개념을 합리적 이유라는 지혜의 언어 및 행동심리학의 서술적 개념으로 환원시킨 결과이다. 무조건적인 정치적 복종이 어떤 이유에서 구속력을 가지는가에 대한 질문에 학술적으로 답하는 것은, 합리성의 동기에 대한 역사를 거슬러 올라가 사회적으로 통용되고 모든 사람이 똑같이 받아들인 판단과 행위에 있어 선호되는 구조, 즉 출발동기를 캐는 길이다. 의무이론의 결과를 홉스의 체계적 방법론의 시작으로 기억함으로써 모든 자연상태를 뛰어넘는 인간적-공동체적인 것을 무효화하고 순수 자연상태로 되돌아가는 것은 홉스의 정치철학에 대해 너무 무리한 요구이다. »진실을 아는 것은 기억한다는 것과 같다. 그래서 플라톤은 지식은 기억이라고 말한 바 있다.«[119] 이처럼 해명해 주고 설명해 주는 기억이 홉스의 정치철학에 시범적으로 나타난 것이다. 정치의 원리 및 국가 구조에 대한 연구는 실제로 »사람들에게 그들이 이미 알고 있거나 경험을 통해 알 수 있는 것들을 기억시키는 것이다.«[120] 그리고 이것은 자연상태를 벗어나고 절대권력을 결정하며 그 통치자의 보호 하에 살면서 무조건 복종함으로써 국가의 질서와 안정에 기여하는 것을 표방하는 국가 철학, 그리고 인류학적 기본 바탕을 이루고 있는 국가 철학 및 온갖 이데올로기로 은폐되어 있는 국가 철학으로부터 해방된 것을 분명히 인식할 수 있다는 데 대한 이유이다.

우리가 오늘날 시민의 정치적 복종에 대한 의무를 말하는 것은 실제로 관료주의 군주국가의 어투를 연상시킨다. 하지만 여기에서 정치적 복종의 의무는 민주주의 국가의 시민에게도 해당되는 의무를 말하는 것으로서 그 나라의 법치체계를 따르는 것을 말한다. 이에 상응해서 시민의 불복종은 현재의 정치철학이 적극적으로 옹호하는, 시위 및 도덕적 근거를 내세우는 규범파괴의 행동이라고 이해될 수 있으며, 이것은 호소효과를 노리고 일부러 저지르는 불법행위이다. 홉스가 말하는 국가에는 물론 복종의 의무라는 표현이 적당하다. 『리바이어던』에서는 실제로 복종과 불복종에 대해 다루고 있을 뿐 법률준수와 규범파괴에 대해서는 다루고 있지 않다. 일반적인 규범과 규칙이라는 의미에서의 법률을 홉스는 알지 못하기 때문이다. 법률은 홉스에 있어 명령이고, 이 뒤에는 언제나 군주의 의지가 숨어 있다. 국가의 수장이라는 배경이 없는 법률은 홉스에게 있어 이해 불가한 성질의 것이다. 홉스는—규범중심의 중세 전성기 시대의 신학적 절대주의가 인간과 정치의 영역으로 넘어오는 과정에서—법률을 군주의 명령으로 간주하는 실증법적 명령이론의 창시자이다. 홉스가 말하는 시민에게 있어 법률은 오직 주권자의 의지에 따른 명령으로서 정치적 복종이라는 선결의무가 계약을 통해 전권위임의 형태로 나타난 것이므로 시민은 이 명령을 따라야 한다.

국가 통치권의 익명화는 홉스의 국가관에 아직 해당하

지 않는다. 시민은 군주의 뜻에 복종하고 법률과 조직기구에 숨어 있는 군주의 정치적 재능에 복종해야 한다. 근대 국가의 정치 권력자는 직위를 가지고 역할을 대표하는 사람으로서 그의 권한은 현존하는 규칙체계에 의해 결정되고 투표에 의해 정해진다. 권력자의 권한에는, 현재 권력자의 의지와 상관없는 통용 규범을 가지는 조직체계 및 기구체계가 의인화되어 있다. 그러나 홉스의 경우는 이와 반대다. 홉스에게 있어 법률과 기구조직은 군주의 도구이자 지침으로서 군주의 의지가 반영되어 있는 핵심체이다. 이것은 『리바이어던』의 서문에 나타나 있는 주관주의의 모델을 연상시킨다. 여기에서 주권은 국가 조직의 영혼으로 묘사되어 있는데, 이 조직은 주관주의의 이론적 개념으로 이해될 수 있는, 행동 및 판단의 중심으로서 바로 정치단위의 핵심이자 반박될 수 없는 지침으로서 정치 조직기구를 움직이는 국가 조직이었다. 리바이어던은 저절로 유지되는 시스템이 아니라, 우리를 보호하는 대신 폭력이 아닌 권력을 이용해 우리로 하여금 그의 명령에 복종할 것을 요구하는 커다란 거인이다. 여기에다 그는 전권을 위임받은 존재로서 권력에 복종하는 계약을 맺은 인간의 자기 구속성에 의해 합법화되고 정당화되었다. 하지만—그리고 이것이 바로 홉스 철학에 있어 특징적인 것인데—통치권력의 정당화는 결코 그 권력의 한계를 명시하는 것이 아니다. 통치권력을 규명하는, 규범과 무관한 의지주의(Voluntarismus)는 역시 규범과 무관한 명령 및 판결의 의지주의라고 확증된 통치권력으로 되돌아 온다.

절대주권과 최종기관의 성격

홉스의 『리바이어던』을 읽는 사람치고 경이롭다고 표현하지 않는 사람이 없고, 누구나 그의 날카로운 감각을 칭찬한다. 하지만 그 책을 다 읽었을 때 개종 및 개심했다고 고백하는 사람은 거의 없다. 다양한 입장으로 나뉘는 홉스주의자도 없다. 홉스주의자란 홉스 정치철학의 핵심내용에 동의하는 사람을 말하고, 또 오로지 이와 같은 사람만을 지칭한다. 그리고 그 핵심내용은 절대주권이라는 개념에 있다. 요약하건대 절대 통치권은 전쟁상태를 종식시키고 평화로운 공존의 질서를 마련하기 위한 충분조건일 뿐만 아니라 필요조건이기도 하다는 것이다.[121] 홉스에 따르면, 전쟁상황에 있는 무정부상태와 절대적 통치권력 사이에는 무정부상태 아니면 절대권력이라는 완전히 이분법적 관계가 존재한다.

그러나 이 명제가 그렇게 쉽게 이해되는 것은 아니다 : 홉스는 자신의 논거에 의거하여 무정부상태를 받아들일 수 없는 가능성으로 여기고 자연상태는 극복되어야 할 대상이라는 의견에 동감하는 사람인데, 왜 국가 절대주의의 입장은 확고히 고수해야 한다고 주장하는 것일까? 자연상태와 리바이어던 사이에는 바로 입헌주의에 의한 온건한 권력이라는 제3의 상태가 있다. 입헌주의에서 권력은 규범이 전무한 상황에서 무원칙적으로 창조된 질서기구가 아니라 법률적 구속에 의해 조직되고 길들여진 질서기구를 갖는다. 온건한 통치권은 다양한 조직형태로 존재하며, 다양한 완화수단과 규범원칙들 그리고 기구의 구속력을 갖는다. 여기에 해당하는 것으로서 우리는 통치권의 제한 가능성 및 국가 행위의 한계를 긋는 개인의 기본권을 생각할 수 있으며, 이성법과 계약주의에 의해 토대가 마련된 정의의 원칙도 생각할 수 있으며, 입법자를 헌법에 구속시키는 입헌주의도 생각할 수 있고 법치국가의 원칙 및 권력분립의 원칙도 생각할 수 있다. 이 모든 완화수단을 홉스는 그러나 직간접적으로 거부했다. 그의 리바이어던은 헌법국가도 법치국가도 아니다. 왜냐하면 홉스는 군주의 헌법적 구속성 및 법률 구속성을 모두 인정하지 않고 권력분립의 모든 형태도 심각한 정치적 실수라고 간주했기 때문이다. 제한하는 방향으로 향해 있는 모든 규범과 조직적 통제 시스템에 대해 홉스는 언제나 똑같은 논거를 제시하며 반박했는데, 이것을 필자는 최종기관 성격 논거라고 부른다.

이 논거를 대표하는 생각은 자연상태의 거주자에게는

모든 권리와 자유를 포기하고서라도 절대권력을 갖는 국가를 건설하려는 동기가 있다는 것인데, 이 생각 역시 자연상태의 상황 설명과 논리적으로 밀접한 관계가 있다. 이 논거를 무력화시킬 수 있는 방법은 최소한 세 가지가 있다. 첫 번째로는 계약주의 논거의 출발명제였던 전쟁상태의 가설을 유지할 수 없는 것으로 증명하는 방법이다. 이것은 전쟁상태의 인류학적 전제들을 확증자료를 제시해 가며 의심하거나, 홉스의 인류학적 전제가 전쟁상태의 가설을 따르지 않는다고 보여줌으로써 증명될 수 있을 것이다. 자연상태가 만약 홉스가 생각한 정도로 자기 파괴적 권력의 역동성을 통해 특징지워지지 않는다면 자연상태를 극복하기 위해 조금 더 온건한 전략을 사용할 수 있을 것이다. 두 번째 방법은, 불신의 논리로부터 출발해서 행동하고 생각한다고 홉스가 정의한 인간이 어떤 경우에도 무조건 절대권력에 복종하고 또 그 권력을 통제할 수단과 보상을 요구하지 않을 것이라고는 거의 생각할 수 없다는 추측을 강화하는 것이다. 평화에 필요한 절대 주권이라는 홉스의 가설을 무력화시킬 수 있는 세 번째 가능성은 리바이어던이 관계완화의 합리적 원칙을 어기고 지나치게 강조된 평화의 도구이며, 인간의 자기 보존 목적과 평화의 목적은 온건한 입법주의 권력의 틀에서도 실현될 수 있다는 것을 증명하는 것이다. 다시 말해서 온건한 통치권력이 무정부상태에 빠질 위험성은 홉스가 절대권력의 온건화가 자연상태로의 회귀에 대한 실질적 위험을 초래할 것이라고 생각한 것보다도 훨씬 낫다.

무력화 전략의 틀 안에서 이제 우리는 홉스의 국가상에 대한 적절한 형식을 전개할 수 있을 것인데, 이 형식은 절대권력의 개념을 강제성을 띠는 법질서의 필연성이라는 개념으로 대체하고 강제 질서의 정당성을 결코 국가 절대권력의 정당성에 포함시키지 않는다.[122] 이 세 가지 방법이 서로 나란히 손을 잡으면 국가 철학에 대한 홉스의 핵심논쟁들을 재구성하고 검증하는 프로그램의 기본 특징이 될 것이다. 이 위대한 영국 철학자의 사유세계에 대한 개론서를 읽고 좀더 자세히 그 내용을 살펴보면서 홉스의 논쟁적 주제들을 탐구하고자 하는 사람이 있다면 그에게 이 검증 프로그램은 훌륭한 길잡이가 될 것이다. 이제 마지막으로 최종기관의 성격 논쟁이 다루어져야 할 것 같다.

»어느 국가에나 한 사람 또는 자문회의 및 위원회 같은 것이 있어서 개개 시민에 대해 법률적 근거에 의해 권력을 행사하는 것은 분명한데, 이때의 권력은 모든 개별 시민이 시민상태 밖에서 그들 스스로에 대해 가지는 가장 높고 절대적이며 그 어떤 것에 의해서도 아닌 오직 국가에 의해서만 제한될 수 있는 권력과 같은 정도를 말한다. 그 이유는 이 권

력을 제한하기 위해서는 반드시 이 보다 더 큰 권력을 필요로 하고 권력의 한계를 정하는 사람은 그에 의해 한정된 권력을 갖는 사람보다 더 큰 권력을 가지고 있어야 하기 때문이다. 그러므로 이 제한하는 권력은 차단기를 가지고 있지 않거나 이보다 더 큰 권력에 의해 차단되거나 해야 한다. 이렇게 할 때 우리는 가장 마지막 단계에서 시민의 권력을 가장 높은 정도로 차단할 수 있는 권력에 도달한다. 이것이 바로 최상의 국가 권력이며, 이것은 의회로 이양된다. 그 결과 이것은 최고 의회가 되며, 이것은 다시 유일한 한 사람에게 양도되어 그가 바로 최상의 국가 통치자가 된다.≪[123]

이 자리에서 우리는 혼합헌법에 대한 고대의 이론을 계승하는 과정에서 몽테스키외(Montesquieu)가 전개한 권력분립의 개념을 상기해 볼 필요가 있다. 홉스가 죽기 일 년 전에 태어난 몽테스키외는 『법의 정신』(*De l' Esprit des Lois*)이라는 그의 저서 제11권의 6장에서 정치권력 및 공동체 권력의 균형화에 대한 복잡한 시스템을 설계했다. 심사숙고를 통해 권력이 나뉘게 됨으로써 민중과 귀족 그리고 왕은 서로를 견제할 수 있게 되고, 이들 가운데 어느 누구도 남보다 막강한 권력을 얻을 수 없게 된다. 몽테스키외가 생각한 것은 신분사회의 정치집단에게 입법과 행정 기능을 구분하여 부여함으로써 모든 사람이 정치권력에 참여할 수 있게 되고, 이로써 이 사람들은 관심사의 균형화 및 정치적 타협의 필요성에 구속되게 된다는 것이었다. 결정권한과 금지권한의 제한된 체계는 서로 힘의 균형을 이루도록 하고 정치적 의지가 실현되는 과정에 영향을 주는 높은 정도의 상호의존성이 형성되도록 한다. 권력분립이라는 몽테스키외의 기본 법제는 절대권력을 추구하는 왕정정치를 기본적으로 반대한다. 권력의 맞물림이라는, 심사숙고에 의한 제도로서 이 기본 법제는 마치 하나의 그물처럼 동시대의 신분사회 전반을 덮으면서 자유를 훼손하고 통제되지 않는 리바이어던식의 권력이 형성될 수 있는 가능성을 차단했다.

몽테스키외의 이러한 구상에 대해 홉스는 아마도 그의 과학적 철학방법론과 시민전쟁의 경험에서 터득한 사실주의(Realismus)를 반대 논거로 제시할 것이다. 과학적 철학방법론은 개인주의로 이어질 것이고, 개인주의적-동질적 공동체 개념으로 이어질 것인데, 이것은 몽테스키외가 정치적 근대화에 반대하고 보호하려 했던 신분사회의 공동체 형식과 같은 지배권력의 성격을 띠지 않는 개념이다. 다음으로 시민전쟁의 경험과 관련 있는 사실주의에 대해서는, 만약 분명하게 전제된 헌법적 동의가 와해되고 실제 권력분쟁이 초래될 때 과연 이 개념이 어떻게 형성될 수 있을지 물어보아야 한다. 오직 더 큰 권력만이 저지할 수 있는 권력이고, 거칠어진 권력경쟁에서 거기 참여하는 모든 사람들은 최대화의 전략을 추구함으로써 전쟁상태에 직면하게 된다는 것은 옳지 않단 말인가? 그리고 전쟁상태는 오로지 만인의 지지를 받는 권력이 반론의 여지없이 평화를 보장할 때에만 극복될 수 있다는 것도 옳지 않단 말인가? 절대권력이 분립된다면 이 평화는 다시 필연적으로 위험에 빠지지 않게 될 것인가? »무제한의 권력이 좋지 않은 결과를 가져올 수 있다는 것은 상상할 수 있는 일이지만 절대권력이 부재할 때의 결과인, 이웃 간의 끊임없는 전쟁은 이보다 훨씬 더 끔찍하다. 인간이 절대권력 하에서 산다는 것은 결코 결함을 의미하지 않는다. 하지만 한 국가에게 있어서 피지배자의 복종적 태도를 얻지 못하거나 국가의 기저를 이루는 계약이 파기되는 것보다 더 큰 재앙은 없다. 그리고 군주의 권력이 너무 지나치게 막강하다고 생각하는 사람은 그것을 제한하려고 해야 하며, 그 권력을 제한할 수 있는 보다 더 큰 권력의 지배를 받아야 한다.«[124]

몽테스키외의 분권전략과 같은, 권력을 내부에서 길들이는 시스템은 홉스에 있어 상상도 할 수 없다. »왜냐하면 절대권력을 분권한다는 것은 그것을 와해시킨다는 말이 아닌가? 나누어진 권력은 서로를 파괴할 뿐이니 말이다.« 권력분립의 통치기구를 갖게 되면 국가는 자연상태로 되돌아가는 것이다. 따라서 홉스에게 있어서는 혼합헌법 및 권력분립이라는 이론은 »바로 국가의 본질을 명백하고 직접적으로 훼손하는«[125] 이론에 지나지 않는다. 이것은 정치질서에 대한 이단이며, 국가는 자기의 건강을 생각해서 이 개념을 마땅히—국가의 본질과 맞지 않고 평화와 안전의 목표를 쫓아버리는 여타의 다른 불손한 생각들과 마찬가지로—억압해야 한다. 이에 해당하는 생각들로서 예를 들면, 인간은 그 자체로 나름의 고유한 도덕적 판단을 할 수 있고, 그것을 표현할 권리가 있으며, 국가 형성과정에 참여하는 권리를 가진다거나 군주도 피지배자와 마찬가지로 국가법의 지배를 받아야한다라든가 소유권은 무제한적인 것이므로 국가의 모든 재산도 약탈될 수 있다거나, 또는 군주도 폭군이 될 수 있으므로 만약 그렇게 되면 권력에서 물러나거나 심지어 죽임을 당해도 된다는 생각 등이다.[126]

홉스가 최종기관의 성격 논증을 반자연법적 · 반입헌주의적 태도에서 사용하고, 이 논증이 조직적 통치권을 제한하지 않고 다만 계약된 합의 및 자연법적 정의의 규범, 즉 인권과 헌법의 원칙 또는 고유법칙에 국가의 행위가 구속되는 것은 불가능하다는 것만을 규명한다면 최종기관의 성격이라는 논증은 다시 더 그럴 듯하고 수준 높게 이해될 수 있다. »모든 법은 그것이 성문법이든 불문법이든 해석을 필요로 한다. 불문법인 자연법은 당파성이나 정열이 없이 오직 자신의 자연이성에 충실한 사람들에게 어쩌면 더 쉽게 다가갈 수 있을 것이고, 이 법을 위반한 사람들도 이에 대해 사과할 이유는 없을 것이다. 하지만 오직 자기 연민 또는 다른 감정에 의해 어떤 경우에도 현혹되지 않는 사람은 소수이거나 또는 하나도 없다는 것을 생각해 보면 이 자연법은 모든 법 가운데 가장 어두운 법이 될 것이며, 따라서 가장 유능한 해석자를 필요로 하게 될 것이다. 짧은 문장으로 이루어진 성문법은 한 두 개의 낱말이 가질 수 있는 의미의 다중성 때문에 잘못 해석될 가능성이 있고, 긴 문장으로 이루어진 성문법이라면 여러 개의 낱말이 갖는 의미의 다중성 때문에 더욱 암울해질 것이다. 이런 면에서 어떠한 성문법도—짧은 것이든 긴 문장으로 이루어진 것이든—그것이 공표된 최종적 이유에 대한 완전한 이해 없이는 충분히 이해될 수 없다. 이 최종적 이유는 입법자만이 안다. 입법자에게는 그러므로 법에서 풀지 못할 매듭이 없다. 왜냐하면 법을 적용하고자 하면 목적을 찾아내면 되고 그가 정한 목적을 제거할 필요가 있으면 입법권을 이용해 고르디우스의 매듭을 단칼에 벤 알렉산더처럼 난제를 제거해 버리면 되기 때문이다. 어떤 법해석자도 이와 같은 일을 할 수는 없다.≪127 절대주권 및 반박될 수 없는 최고 권력의 필연성을 논하는 근거는, 최종기관의 해석임을 증명해 주고 법의 효력을 보장하는 최후의 해석자와 해석에 관한 논쟁의 종지부를 찍고 권위 있게 논쟁을 마무리할 수 있는 마지막 결정권자에 대한 필연성을 논하는 근거이다.

시민전쟁을 예방하는 것, 이것이 바로 리바이어던의 국가 이성이다. 종교적 시민전쟁은 홉스에게 국가가 독점권력으로 성립되는 것만으로는 평화의 목적이 실현되는 데 충분하지 않다는 것을 가르쳐 주었다. 국가 이성은 더 나아가 해석의 독점과 규정의 독점을 필요로 한다. 국가 이성은 또한 언어의 의미를 확정해야만 하고, 무엇이 진리로 간주되고 무엇이 진리로 허용되어서는 안 되는지를 결정해야 한다. 그 이유는 종교 간 시민전쟁은 이데올로기의 전쟁이었고, 절대권력에 대한 서로 경쟁하는 진리들 사이에서 일어난 전쟁이었으며, 해석과 의미부여의 전쟁이었기 때문이다. 따라서 시민전쟁을 방지하는 전략 가운데 하나는 행위와 관계 있는 규범적 · 종교적 개념의 의미를 사용하는 것이다. 위의 인용에서 알 수 있듯이 해석과 낱말의 의미를 최종적으로 권위 있게 확정해야 하는 필연성에 대한 논거는 그 범위가 매우 넓다. 왜냐하면 이 논거는 종교와 철학 그리고 문학도 국가가 정의한 진리규정의 지배를 받아야 한다는 것을 나타내려고 할 뿐만 아니라, 비록 개별적으로 다르다고 해도 국가 통치권에 입헌주의의 옷을 입히는 것도 실질적으로 불가능하다는 것을 규명하려고 하기 때문이다.

이 논거는 또 두 개의 언어철학적 명제에 기반을 두고 있다. 첫 번째 명제는 사용 결정주의라고도 일컬어지는 보편적 규범에 대한 해석의 필요성이라는 명제이다. 이 명제는 논리적 연역과정에서 법으로부터 개별 사안에 관계되는 판결이 유도될 수 없고, 서로 경쟁하는 법의 의미 가운데 선택되거나 전통적 법 개념의 의미에서 확대된 확정해석 없이는 법공식이 보편층위에서 적용상황의 구체적 층위로 옮겨가는 것은 불가능하다는 것을 의미한다. 그 이유는 보편적일 수 없다는 법 개념의 본질에서 찾을 수 있다. 법의 개념은 언제나 경쟁하고 있는 해석을 가능하게 하는, 견고한 의미내용으로 채워진 의미마당을 가지고 있다. 그러나 의미의 문제는 경쟁하고 있는 생각의 자유로운 떠다님 속에 묶여 있을 수 없으므로(법은 행위를 규정하는 방향을 제시하려고 하기 때문에) 어떤 식으로든 결정되어야 한다. 인식의 수단에 의해서가 아니라 결정의 수단에 의해 비로소 법은 실질적 중요성을 얻을 수 있다.

두 번째 명제는 유명론(唯名論, Nominalismus)이다. 유명론의 명제는 첫 번째 명제의 결과를 강화시키고 권위 있는 최종 결정권의 필요성에 동의한다. 유명론이라고 흔히 부르는 것은 언어학 및 인식론의 한 특정 입장으로서 객관적 대상의 실존 및 보편성의 인식을 관장하는 올바른 이성, 즉

*recta ratio*의 실존을 부정한다. 전통적 자연 개념의 몰락과 더불어 자연의 보편적 실체도 사라졌고, 자연에 의해 그 고유의 실체가 규정되던 올바른 이성도 사라졌다. 실체가 사라진 이 세계에 남아 있는 것은 오직 개체들과 개별 현상들이다. 이 개념들의 의미는 더 이상 그에게 예속되는 보편적 대상을 통해서가 아니라 추상화된 특징을 통해 정해진다. 특히 자연적 도덕세계에 대한 유명론의 파괴는 가히 극적임에 틀림없다. 도덕세계의 파괴와 더불어 자연법의 원칙에 대한 객관적인 의미의 토대가 사라졌다. 그 결과 도덕적 카오스에서 유래한 의미 주관주의의 형성이 불가피하게 되었다.

홉스 철학의 이러한 수준은 홉스가 전쟁상태를 심리적-이성의 갈등구조로서만 해석하지 않고 행동세계와 마찬가지로 정돈될 필요가 있는, 의미의 혼란상태라고 설명했다는 것을 증명한다. 그리고 의미의 혼란상태는 오직 객관성의 진공상태가 의미를 부여하는 판단에 의해 채워지고 객관적 도덕자연을 대신해 모든 사람에게 구속력을 갖는 인위적인 국가라는 규범도구가 등장하여 국가가 »정당하다«와 »부당하다«, 그리고 »내 것«과 »네 것«이 무슨 뜻인지 »구속력이 있다«와 »효력이 없다«는 것은 무슨 뜻인지 결정해 줄 때 비로소 정돈될 수 있다. 사람은 도덕적-정치적 논의에서 이용되는 근본적이고 규범 지향적 개념에 대해 객관적 의미를 부여할 수 없고 합의에 의한 실천상황에서도 일반적 구속력을 가지는 의미에 합의할 수 없기 때문에 스스로 의미 창조자의 결정을 따를 수밖에 없다.

이렇게 해서 우리는 입헌제로 절대권력을 제한하는 것은 실질적으로 불가능하다는 홉스의 확신을 이해하는 데 필요한 전제조건들을 모두 살펴보았다. 어떠한 규칙체계가 국가의 행위를 제한하든지 간에 그것이 자연법 체계이든 인권 또는 계약에 의해 생성된 체계이든 그것은 해석과 확정을 필요로 하는 규칙 및 개념이 될 것이다. 결과적으로는 서로 상이한 부분적 이해관계가 숨어 있는, 서로 경쟁하는 해석들이 만들어질 것이다. 이제 어떤 근거에 따라 통치권이 제한되어야 한다는 것은 과연 누가 결정해야 하는가? 군주와 군주에 대한 복종의 규칙에 대해 해석이 매우 분분하다면 누가 결정적인 판단을 내려야 하는가? 여기에서 판결하는 자는 과연 누구인가? 온건한 통치 시스템을 정착시키는 것이 정말 자연상태를 영구화하는 것은 아닌가? 리바이어던은 갈등을 조정하는 과정에 합리성이 결여될 때 건설되었다. 하지만 만약 군주 스스로가 법률 및 규범을 해석하는 갈등상황에서 제한적 규범에 의해 계약 당사자의 위치로 축소된다면 리바이어던이 어떻게 이 결함을 보완할 수 있을까? 이렇게 되면 군주는 군주가 아니라 다만 자신도 어느 한 편으로 참여하고 있는 갈등상황을 조정하는 조정자에 지나지 않게 될 것이다. 그리고 만약 조정자의 판결이 군주의 입장에서 만족스럽지 않거나 자신의 법률 해석에 대해 의심이 제기된다면? 이어지는 상위단계에 또 새로운 해석의 갈등이 존재한다면?

정치 시스템이 조정 및 결정의 배상청구를 감당할 수 없다는 것은 분명하다. 그래서 정치 시스템은—이것이 홉스의 결론이다 —절대군주를 가져야 하며, 최종적 해석자, 최후의 결정자 그리고 절대 권력자를 가져야만 한다. 왜냐하면 만인의 평화와 안전은 오직 한 사람 또는 하나의 단체가 최종기관으로서의 입법자, 해석자 그리고 판사로 행동할 수 있는 권리 및 반박할 수 없는 판결내용을, 절대권력으로 관철시킬 수 있는 권리를 가질 때에만 존재하기 때문이다.[128] 홉스는 절대군주의 위치를, 국가 이성에 맞게 효과적으로 행동하고 평화를 조성하고 정착시키기 위해 군주가 가져야 하는 권리의 조합이라고 기능주의적 관점에서 정의하고, 또 단독왕정으로 형성되든 다자주권의 형식으로 형성되든 군주의 위치를 원칙적으로 모두 똑같이 다루고는 있지만 최종기관의 성격이라는 논거 때문에 다자주권의 군주 개념은 여기에서 배제되고 최종기관의 성격은 귀족정치나 민주주의에도 반대한다는 것이 분명하다. 오직 절대왕정만이 최종기관 성격의 논거가 군주에게 요구하는 것을 완수할 수 있다.

III

홉스의 영향

홉스의 영향에 관한 설명으로 책을 마무리하려는 지금 여기에서 그의 영향이란, 철학에 미친 영향 및 홉스의 개념 형식이 생산적으로 수용된 결과, 그리고 그의 이론에 관한 문제 제기 및 논쟁사항들을 말한다. 17세기와 18세기 동시대의 학자들 및 이론 사냥꾼들에 의한 홉스 비판은 여기에서 다루어지지 않을 것이며,[129] 2차 문헌 및 요즘의 유행에 대해서도 다루지 않을 것이다.[130]

필자는 서문에서 홉스에 대한 »백색의« 수용과 »흑색의« 수용을 구분한 바 있다. »백색의« 홉스-수용은 계약주의의 논거에 바탕을 두고 »흑색의« 홉스-수용은 군주이론과 최종기관 성격의 논거에 바탕을 둔다. »백색의« 홉스-수용은 우선 반국가주의적 입장으로서 군주이론 및 최종기관 성격의 논거에 대해 비판적인 입장을 취하고 통치권력을 제한하는 원리로서 삼분적 개념형식을 취한다. 반면 »흑색의« 홉스-수용은 반자유주의적 입장으로서 절대권력을 제한하는 시도 및 계약주의에 대해 비판적이다. »흑색의« 홉스-수용은 민주주의화와 합법화에 대해 비판적 입장을 취했던 홉스의 입장을 이용한다. 그러나 두 가지 수용방식에 모두 공통적인 것은 이 둘 모두 홉스 사상의 근대성을 전적으로 인정하고 홉스에 의해 효력이 상실된 전통적 정치철학 사상을 애써 재생산하려고 하지 않는다는 사실이다. 그러므로 »백색의« 또는 »흑색의« 홉스-수용이라고 상반된 관계를 나타내는 것처럼 보이는 표현도 정치적 근대에 대한 이해과정에서 자연스럽게 형성된 내적 변증법적 관계가 드러난 것으로 이해되어야 한다.

»백색의« 홉스-수용의 역사는 계약주의를 규명한 이론의 역사이다. 그리고 계약주의를 규명한 이론의 역사는 로크(Locke)에 의해 시작되고 칸트(Kant)가 철학적으로 가장 유명하게 대표하며, 오늘날에도 계약이론 원칙의 르네상스를 배경으로 롤스(Rawls), 노직(Nozick), 뷰캐넌(Buchanan), 스캔론(Scanlon), 고티에(Gauthier) 및 여러 다른 사람들에 의

해 놀라울 정도로 재해석되고 있는 철학적 자유주의(Liberalismus)의 역사와 일치한다.[131] 계약주의 원칙을 정당화시키는 방법은 사회를 계약관계로 해석하고 정치 및 사회기구의 구속력을 공동체 구성원의 보편적 동의로 환원시켜 이 동의에 근거하여 정치기구가 구속력을 가질 수 있다고 생각하는 것이다. 두 사람이 자유와 평등이라는 조건 하에서 합의한 권리와 의무의 상호 구속력은 양자에게 모두 동일하게 적용됨을 규명하는 계약과 마찬가지로, 모든 공동체 구성원이 자유와 평등이라는 동일한 계약조건 하에서 공동 삶을 위한 조직기구의 성립에 이구동성으로 합의함으로써 체결된 계약적 합의도 법질서에 대한 보편적 구속력을 확증할 수 있다. 개인의 자치권이라는 근대의 전형적 조건 하에서는 동의에 의한 원칙의 정당화만이 가능하며, 일반적 동의를 구할 수 있는 원칙들만이 구속력을 갖는 것으로 간주될 수 있다.

철학적 자유주의는 홉스의 규범적 개인주의를 수용하며 개인주의 및 정당화 이론 그리고 정당화 개념을 이용하는 계약주의의 논거를 수용하지만 또한 홉스의 유물을 그를 비판하는 데 사용하기도 한다. 최후 해석자 및 결정권자로서의 절대국가는 계약주의를 통해 규명된 정의의 원칙 뒤로 물러난다. 진리의 진공상태에서 동의의 기초를 바탕으로 질서유지 기관을 정착시키기 위해 홉스가 전개한, 계약에 의한 위임이라는 구상은 정당화를 염려하는 국가 행위가 종속되는, 절차적으로 합의하는 진리 개념의 수단이 되었다 : 실제 진리로 여겨지고 보편적 구속력을 갖는 것은, 일반적 동의를 통해 합의될 수 있고 모든 사람이 공동체의 기본 질서인 헌법원칙으로 합의할 수 있는 원칙과 규범들이다. 요약하건대, 합의에 의한 정당화라는 재치 있는 홉스의 논거는 그의 영향사에서 점점 그 원래 발명가의 정치적 의도로부터 멀어졌으며, 오늘날에는 자유주의 야당의 역할을 촉진했다. 리바이어던이라는 거인 대신에 지금은 그 거인의 머리가 사라진, 민주주의 단체가 등장했으며, 국가는 사회 속에 가라앉았다.

»흑색의« 홉스-수용은 철학의 역사에 흔적을 남기지 않았다. 이것은 근현대 정치철학의 체계적 논의에 있어 어떠한 중요성도 차지하지 않는다. »흑색의« 홉스-수용은 국가주의의 한 특수한 형태이다. 그리고 이것은 특히 독일적 특수성인데, 그 이유는 독일 문화권에서 정치사상과 정치에 대한 인식은 국가주의적 관점에 의해 많은 영향을 받았기 때문이다. »흑색의« 홉스-수용을 대표하는 인물로 칼 슈미트(Carl Schmitt)를 들 수 있다. 칼 슈미트는 그야말로 골수 홉스주의자이다. 그의 국가법 사상의 이론적 기초를 칼 슈미트는 모두 홉스의 절대주권 이론에 두고 있다. 그의 유명한 »홉스-결정체«도 홉스의 국가 철학적 확신을 가설적으로 나타

낸 것이다.[132] 홉스의 철학으로부터 칼 슈미트는 결정주의 및 우방과 적군이라는 개념구분을 받아들였다. 홉스주의자들과 슈미트 추종자들은 정치적 근대화의 추진력을 평가하는 기준도 역시 홉스 철학으로부터 받아들였다. 자연상태로의 회귀를 염려한 홉스의 생각은 정치적 근대화에 의해 비로소 제거된 불안감의 근원이다. 정치 안정화를 추구하는 홉스주의자들의 입장도 이와 마찬가지로 통치 불가능성에 대한 두려움과 민주주의화에 대한 두려움, 그리고 이와 맞물려 있는 국가적인 것–정치적인 것의 침식에 대한 두려움을 가지고 있다. 그리고 정치적인 것을 국가적인 것으로 환원시킬 때에도 이들은 홉스의 눈을 통해 관찰한다.

홉스 정치철학에 대한 수용의 역사는 홉스 철학의 체계 관련성을 종합적으로 고려하는 것과 무관하며, 방법론적 · 학술적 기초와도 관계가 없다. 토마스 홉스 정치철학의 이론적 전제들은 철학적으로 이미 낡은 인식 개념 및 철학 개념, 그리고 낡은 체계 개념의 표현들이고, 오늘날에도 거의 관심의 대상이 되지 않는다. 오늘날 논의되고 있는 철학의 여러 분과들에서도 홉스에서 유래하는 환원주의적 입장은 더 이상 유지될 수 없는 것으로 치부되고 있다. 물리주의의 일원론(Monismus)도 물질주의 심리학도 모두 기반을 잃었다. 그러나 홉스의 환원주의 프로그램에 대한 오늘날 도덕철학의 입장은 서로 상이하다. 도덕철학을 합리성 이론으로 환원시키는 것을 반대하는 많은 사람들이 있는 반면, 또 다른 한편에서는 합리적 관심 추구의 과정에서 홉스의 구상을 도덕이 다시 자리잡도록 하는 데 이용하자는 부단하고 강력한 노력의 움직임도 있다. 의미가 개인마다 다르게 형성된다고 하는 홉스의 언어철학에 대해서는 그러나 일관된 비판이 있다. 홉스에 대한 그 모든 비판에도 불구하고 근대의 규범적 개인주의와 새로운 실천적 세계관계를 만든 최초의 인물로서의 그의 업적과, 합의에 의한 확증 프로그램의 기본 특징을 확립한 업적 등은 많은 사람들이 공통적으로 인정하는 것으로서 이것은 오늘날까지도 도덕과 철학에 대한 우리의 이해에 대해 철학적 틀을 제공하고 있다.

주 해

1 아리스토텔레스, 정치학 1253 a2.

2 같은 책, 1252 b 29.

3 같은 책, 1253 a 25.

4 Leviathan 29, 250.

5 키케로, 공화국론(De re publica) Ⅲ, 22 (33)

6 마키아벨리의 정치적 인간관에 대해서는 Wolfgang Kersting, Niccolò Machiavelli, München 1988, 30－47을 참조.

7 De Cive, 헌정사; 61; OL Ⅱ, 137.

8 R. Brandt는 그의 뛰어난 논문 »Das Titelblatt des *Leviathan* und Goyas *El Gigante*«(리바이어던의 표지와 고야의 거인), 출처 : U. Bermbach/K.－M. Kodalle (엮음), Frucht und Freiheit. Leviathan－Diskussion 300 Jahre nach Thomas Hobbes, Opladen 1982, 201－231. 에서 여러 다른 섬세한 해석적 요소들 외에도 이 동기에 대해 연구했다.

9 De Corpore, 헌정사; (독일어 번역 없음); OL Ⅰ, 2.

10 De Cive, 헌정사; 60/1; OL Ⅱ, 137/8.

[11] De Corpore 1. 7; 10; OL Ⅰ, 7.

[12] Leviathan 13, 96.

[13] De Cive, 헌정사; 60; OL Ⅱ, 136/7.

[14] De Corpore 1. 10; 13; OL Ⅰ, 11.

[15] De Corpore 1. 2; 6; OL Ⅰ, 2.

[16] De Corpore 1. 8; 11/12; OL Ⅰ, 9.

[17] De Homine 10. 5; 19; OL Ⅱ, 93.

[18] Leviathan 4, 37.

[19] Hobbes, Critique de ≫De mundo≪ de Thomas White, Jacquot/Jones (엮음), Paris 1973, 201.

[20] J. H. Randall Jr., The School of Padua, Padova 1961을 참조.

[21] De Homine 10. 5; 20; OL Ⅱ, 93.

[22] Six Lessons, EW Ⅶ, 242.

[23] G. Vico, Liber metaphysicus, München 1979, 148.

[24] G. Vico, De nostri temporis studiorum ratione, Darmstadt 1963, 40.

[25] De Corpore 25. 1; 135; OL Ⅰ, 316.

[26] 홉스의 방법 및 인식, 학문 개념에 대해서는 S. Dangelmayr, Methode und System. Wissenschaftsklassifikation bei Bacon, Hobbes und Locke, Meisenheim 1974와 H. Fiebig, Erkenntnis und technische Erzeugung Hobbes' operationale Philosophie der Wissenschaft, Meisenheim 1973, 그리고 J. W. N. Watkins, Hobbes's System of Ideas, London 1952 ; 그리고 U. Weiß, Das philosophische System von Thomas Hobbes, Stuttgart-Bad Cannstatt 1980 및 W. Kersting, Erkenntnis und Methode in Thomas Hobbes' Philosophie, in : Studia Leibnitiana X X /

1988, 126-139를 참조.

27 De Homine 10. 5; 20; OL Ⅱ, 94.

28 De Cive, 서문; 67; OL Ⅱ, 245/6.

29 Kant, Gesammelte Schriften, Akademie-Ausgabe Bd. XIX, Reflexion 6593.

30 Leviathan, 서문, 5.

31 같은 곳.

32 Leviathan 6, 41.

33 De Corpore, 6.6; 61; EW Ⅰ, 72/3.

34 L. Strauss, Hobbes' politische Wissenschaft, Neuwied/Berlin 1965를 참조.

35 Leviathan 6, 45.

36 De Cive 8.1; 161; EW Ⅱ, 109.

37 이에 대해서는 Jean Hampton, Hobbes and the Social Contract Tradition, Cambridge 1988, 6ff.를 참조.

38 Leviathan 4, 25.

39 개인의 광적인 폐쇄성과 외부에 대한 관계 사이에 존재하는 관련성을 통제하는 권력경제학이 잘 묘사되어 있는 것으로서 G. Buck, Selbsterhaltung und Historizität, in : R. Koselleck/W.-D. Stempel (엮음), Geschichte-Ereignis und Erzählung, Poetik und Hermeneutik V, München 1973, 29-94 특히 52-70이 있다.

40 De Homine 10. 3; 17; OL Ⅱ, 91.

41 같은 곳.

42 J. Elster, Ulysses and the Sirens, Cambridge 1979, 4ff; 9ff.를 참조.

43 전략적 합리성에 대한 성격규정에 관해 Karl-Otto Apel, Läßt sich ethische Vernunft von strategischer Zweckrationalität unterscheiden? Zum Problem der Rationalität sozialer Kommunikation und Interaktion, in : K.-O. Apel/W. van Reijen (엮음), Rationales Handeln und Gesellschaftstheorie, Bochum 1984, 23-80에서 27.

44 Kant, Grundlegung zur Metaphysik der Sitten, Akad.-Ausg. IV, 428.

45 Leviathan 10, 66.

46 Leviathan 11, 75.

47 같은 곳.

48 같은 곳.

49 De Homine 11. 15; 29; OL II, 105.

50 Leviathan 11, 75.

51 자본형성에 관한 일반적 설명은 K. Marx, Kapital, 1. Band, 2. Abschnitt, 4. Kap., §1, Frankfurt/M. : Europäische Verlagsanstalt 1968, 169ff. 홉스의 권력원리와 마르크스의 자본형성 사이의 구조적 유사성에 대해서는 U. Weiß, Das philosophische System von Thomas Hobbes, Stuttgart-Bad Cannstatt 1980, 116을 참조.

52 Leviathan 10, 67.

53 홉스 철학의 이해를 위한 권력-금전-비교에 대해서는 B. Willms, Die Antwort des Leviathan, a.a.O., 112; 특히 U. Weiß, Das philosophische System von Thomas Hobbes, a.a.O., 110ff를 참조.

54 De Homine 11. 6; 24; OL II, 109.

55 Naturrecht I, 8, 4; 65.

56 C. B. MacPherson, Die politische Theorie des Besitzindividualismus,

Frankfurt/M. 1967, 51.

57 Leviathan 10, 66.

58 Naturrecht I, 10, 21; 77.

59 맥퍼슨의 홉스 해석으로부터 초래된 문제들에 대한 논의는 B. Willms, Der Weg des Leviathan. Die Hobbes-Forschung von 1968-1978, in : Der Staat. Heft 3, Berlin 1979, 103ff를 참조.

60 Macpherson, Die politische Theorie des Besitzindividualismus, a.a.O., 62.

61 유럽사상에 있어 계약 개념의 역사에 대하여는 W. Kersting, Vertrag, Gesellschaftsvertrag, Herrschaftsvertrag, in : Brunner/Conze/Koselleck (엮음), Geschichtliche Grundbegriffe. Historisches Lexikon zur politisch-sozialen Sprache in Deutschland, Bd. 6, Stuttgart 1990, 901-945를 참조.

62 Leviathan 13, 95.

63 Kant, Gesammelte Schriften, Akad.-Ausgabe Bd. XIX, Refl. 7646.

64 Leviathan, 13. Kap.; 95. 경쟁에서 비롯된 갈등과 예방적 폭력, 즉 폭력을 예견하는 폭력으로부터 비롯된 갈등 외에 홉스는 제3의 갈등유형으로서 명예심 때문에 생기는 갈등이 있다고 말했다. 그러나 이것은 여기에서 다루어지지 않았다. 자연상태가 곧 전쟁상태라는 주장은 그것을 뒷받침하기 위해 이 갈등유형을 필요로 하지 않는다.

65 De Cive, 헌정사; 59; EW II, ii.

66 Jean Hampton은 자연상태가 극복되는 데 이성과 열정이 커다란 역할을 한다는 것을 매우 자세하게 설명했다 in : Hobbes and the

Social Contract Tradition, a.a.O., 58ff.

67 Leviathan 13, 94.

68 Leviathan 14, 99.

69 Leviathan 13, 96.

70 E. Ullman-Margalit, The Emergence of Norms, Oxford 1977, 29ff; Ullman-Margalit는 PD-규범에 대해 말했는데, 이때 PD는 Prisoner's Dilemma의 약자이다.

71 De Cive 3. 27; 110; EW Ⅱ, 45.

72 이에 대해서는 Jean Hampton, Hobbes and the Social Contract Tradition, a.a.O., 80ff.를 참조.

73 Johann Stephan Pütter, Neuer Versuch einer Juristischen Encyclopädie und Methodologie, Göttingen 1767, 8f.

74 Leviathan 15, 121.

75 Leviathan 14, 99.

76 Philosophical Rudiments 1, 11; EW Ⅱ, 11.

77 Leviathan 14, 99.

78 홉스의 규범중심성에 대해서는 Gregory S. Kavka, Hobbesian Moral and Political Theory, Princeton 1986, 338ff.를 참조.

79 Leviathan 14, 99f.

80 Leviathan 14, 100.

81 Leviathan 15, 110; Leviathan 17, 131 : »정당성, 공정, 겸손, 감사하는 마음과 같은 자연법칙은 간단히 말해서 타인이 너를 대해주기 원하는 방식으로 너도 타인을 대하라는 것이다 […].«

82 Leviathan 15, 120f.

83 Leviathan 15, 121.

84 Leviathan 15, 122.

85 A. E. Taylor (The Ethical Doctrine of Hobbes, in : Philosophy XIII (1938), 406–424), H. Warrender (The Political Philosophy of Hobbes. His Theory of Obligation, Oxford 1957) 그리고 F. C. Hood (The Divine Politics of Thomas Hobbes, Oxford 1964)는 »Taylor-Warrender-명제«라고 이름붙은 연구에서 홉스를 전통적 자연법의 신봉자라고 소개했다. 전통 자연법은 자연법칙을 신(神)의 명령으로 이해하고 신이 원하는 대로 그것을 따르는 것이 우리의 도덕적 의무라고 생각한다는 것이다. 이 해석은 홉스 스스로 부정확하다고 지적한 자연법이라는 용어를 홉스가 사용한 데서 빚어진 결과이다. 위 해석자들은 홉스 철학의 전체 맥락을 충분히 고려하지 않았고, 맥락 관련성이라는 해석학적 기본 규율을 지키지 않았다. 그들은 또한 자연법칙을 신의 명령으로 이해하는 것은 홉스의 다른 이론과 구상에서 나타나는 순수 도덕적 구속력과 전혀 합치되지 않는다는 것을 알아채지 못했으며, 자연법칙 이론에 대해 반자연법적 · 혁명적 이해가 완전히 가능하다는 사실도 간과했고, 본인들의 해석과 관련된 홉스의 주제 근거를 제시하지도 않았다.

86 Leviathan 15, 110.

87 Leviathan 14, 101.

88 순수한 도덕적 행위동기를 믿지 않는 사실주의는 인간과 신(神)의 관계를 묘사한 홉스의 설명에서도 나타난다. 신은 리바이어던의 전형으로서 전지전능하고 반박될 수 없다. 그리고 인간이 신에게 복종하는 이유는 신이 천당과 지옥을 가지고 매우 효과적으로,

리바이어던의 위협과 보장에도 불구하고 피할 수 없는 사후세계에 대해 뛰어난 징벌규정을 가지고 있다고 믿기 때문이다. Leviathan, 38. Kap.

89 De Cive 5, 5; 127; EW Ⅱ, 67.

90 Leviathan 17, 131; Leviathan 17, 134 : »인간의 합의는 […] 인위적으로 만들어진 계약에 근거한다. 따라서 이 합의를 영구적으로 유지하기 위해서 계약 외에 요구되는 것들이 있다는 것은 이상한 일이 아니다. 그리고 이것은 바로 합의를 울타리에 가두고 인간의 행동을 공동선을 위해 통제해야 하는 보편 권력이다.« 이와 같은 생각은 물론 양쪽 당사자에 의해 직접적으로 동시에 이행되는 계약이 아니라, 어느 한쪽 당사자 및 계약 참여자 가운데 한 사람이 미래에 어떤 태도를 취할지 염려하는 계약에만 해당된다. »당사자에 의해 즉시 실현되지 않고 상호 신뢰만을 바탕으로 체결이 체결되면 이것은 완전히 자연상태의 계약이다. 전쟁상태에서는 서로가 서로에 대해 적대적이고 이성적 의심도 아무 효력이 없다. 그리고 양쪽 당사자 모두가 상대방의 계약 이행을 강요할 만큼의 일반적인 권리와 권력을 가지고 있다면 계약은 효력을 발생하지 않을 것이다. 왜냐하면 계약을 먼저 이행하는 사람은 상대방도 이어서 계약을 이행할 것인지 확신할 수 없기 때문이다. […] 만인이 동등하고 자기 제재에 대한 권한도 스스로 가지고 있는 순수 자연상태에서는 그와 같은 강제 권력이 가정될 수 없다. 따라서 계약 내용을 먼저 이행하는 사람은 그의 적과 상대방에게 자신의 생명을 보호하기 위해 꼭 필요한 권리 및 수단을 넘겨주는 것이나 마찬가지다«(Leviathan 14, 104f.).

91 Willms는 홉스의 계약이론의 성격을 »공동체의 선험적 이론« 및 »선험적 정치이론«이라고 규정했다. (Die Antwort des Leviathan, a.a.O., 116, 125). 이 해석의 장점은 홉스 철학에 대해 역사적 · 실질적으로 이해해 온 모든 것을 드러낸다는 데 있다. 필자가 보기에는 선험적 평화이론에 대해 언급하는 것이 더 적절했을 것 같다 : 영구적 평화가 유지되기 위해서는 어떠한 조건들이 충족되어야 하는가? 이 조건들은 시민에게 어떠한 의무규정을 부여하는가? 거기에서 유도되는 군주의 권리는 어떤 것인가? 시민의 의무와 군주의 권리를 규명하는 평화조건은 어떤 것인가? 과학적으로 규명된 인식을 제공하는 정치철학을 연구함에 있어 우리는 어떠한 기본 논거로부터 출발해야 하는가? 이것은 모두 홉스의 정치철학이 제기하는 문제들이다.

92 Leviathan 17, 134f.

93 W. Kersting, Die politische Philosophy des Gesellschaftsvertrags, Darmstadt 1992; Kap. : Metakontraktualistische Bemerkungen을 참조.

94 Naturrecht Ⅰ, 19, 10; 130.

95 De Cive 5. 7; 128; EW Ⅱ, 68.

96 Naturrecht Ⅰ. 15. 3; 102를 참조.

97 홉스의 전권위임 이론에 대한 적절한 이해와 국가 철학에 대한 그의 사상 발달에 있어 위임이론이 차지하는 중요성에 대해서는 R. Brandt의 뛰어난 논문 »Rechtsverzicht und Herrschaft in Hobbes' Staatsverträgen«, in : Philosophisches Jahrbuch 87 (1980), 41-56을 참조.

98 J. Hampton, Hobbes and the Social Contract Tradition, a.a.O., 138ff

를 참조. 필자와 달리 이에 대해 비판한 사람으로서 D. Gauthier, Hobbes's Social Contract, in : G. A. J. Rogers/A. Ryan(엮음), Perspectives on Thomas Hobbes, Oxford 1988, 125-151가 있다.

99 U. Weiß도 같은 주장을 했다(in : Das philosophische System von Thomas Hobbes, a.a.O., 186). 비슷한 해석을 매우 자세하게 한 사람으로서 D. P. Gauthier, The Logic of Leviathan. The Moral and Political Theory of Thomas Hobbes, Oxford 1969, 120-170가 있다. 이에 대한 비판은 J. Hampton, Hobbes and the Social Contract Tradition, a.a.O., 114ff를 참조.

100 Leviathan 16, 125ff.

101 De Cive 12. 8; 199; EW II, 158.

102 Leviathan 18, 136.

103 Leviathan 19, 146.

104 Leviathan 18, 155.

105 Leviathan 14, 106.

106 Leviathan 18, 142.

107 Leviathan 30, 255.

108 Leviathan 18, 137.

109 Leviathan 18, 139.

110 Leviathan 30, 264.

111 Leviathan 18, 139f.

112 홉스는 이로써 시민을 도덕적 · 이성적으로 의식이 분열된 존재라고 판단하기에 이른다. 어떤 면에서 인간은 계약에 의한 위임을 통해 군주의 모든 행동을 자기 자신의 그것으로 간주해야 하고,

논리적 담론에 의해서 뿐만 아니라 자기 보존을 위한 합리성의 틀 안에서도 자기 부정을 감수하지 않고는 군주의 행위에 저항할 수 없다. 또 다른 한편으로 인간의 도덕적 · 종교적 양심은 군주의 행동, 즉 자기 자신의 것이기도 한 그것을 옳다고 말할 수 없는 경우도 있다. 양심과 정치의 관계에 대해서는 R. Koselleck, Kritik und Krise, Freiburg 1959, 1. Kap.; Tl. II를 참조.

113 Leviathan 30, 264.

114 Leviathan 18, 141.

115 국제법 및 국가간 평화에 대한 홉스의 생각은 B. Willms, Thomas Hobbes. Das Recht des Leviathan, München 1987, 182ff.를 참조.

116 Leviathan 30, 269.

117 이 문제를 해결하려했던 홉스의 노력에 대해서는 Leviathan Kap. 21; Kap. 28을 참조.

118 De Cive, 서문; OL II, 141.

119 De Cive 18. 4; 314; OL II, 419.

120 Naturrecht I. 1. 1; 35.

121 J. Hampton, Hobbes and the Social Contract Tradition, a.a.O., 97을 참조.

122 O. Höffe는 정치적 정의. 법과 국가에 대한 비판철학의 근거(Frankfurt/M. 1987)라는 그의 책(Politische Gerechtigkeit. Grundlegung einer kritischen Philosophie von Recht und Staat)에서 홉스의 업적을 이용해 적절한 증거 프로그램을 전개했다.

123 De Cive 6. 18; 145; EW II, 88.

124 Leviathan 20, 162.

125 Leviathan 29, 248.

126 이에 대한 자세한 설명과 »국가를 약화시키고 와해에까지 이르게 하는 것들«에 대한 그밖의 내용에 대해서는 Leviathan의 제29장을 참조.

127 Leviathan 26, 211f.

128 절대주권에 대한 홉스의 확증에 대해서는 J. Hampton, Hobbes and the Social Contract Tradition, a.a.O., 98ff.; 189ff.를 참조.

129 S. I. Mintz, The Hunting of Leviathan. Seventeenth Century Reactions to the Materialism and Moral Philosophy of Hobbes, Cambridge 1975; J. Bowle, Hobbes and His Critics. A Study in Seventeenth–Century Constitutionalism, London 1951을 참조.

130 B. Willms의 자료 참조.

131 John Rawls, A Theory of Justice, Cambridge 1971(독역 : Eine Theorie der Gerechtigkeit, Frankfurt/M. 1975); Robert Nozick, Anarchy, State, and Utopia, New York 1974(독역 : Anarchie, Staat, Utopie, München o. J.); James M. Buchanan, The Limits of Liberty. Between Anarchy and Leviathan, Chicago 1975(독역 : Die Grenzen der Freiheit, Tübingen 1984); T. M. Scanlon, Contractualism and Utilitarianism, in : A. Sen/B. Williams(엮음), Utilitarianism and beyond, Cambridge 1982, 103–129; David Gauthier, Morals by Agreement, Oxford 1986.

132 슈미트가 »홉스–결정체«라고 명명한 것은 홉스 국가 철학의 기본 원칙들을 순서에 따라 정리해 놓은 것이다 : 국가와 교회의 통일; 최종 결정자; 진리와 무관하게 효력을 발생하는 법으로서의 주권; 직접적이고 나누어질 수 없는 명령권; 보호와 복종. C.

Schmitt, Der Begriff des Politischen, Berlin 1963, 122(초판 : Tübingen 1927)을 참조.

참고문헌

약어설명

OL	Thomas Hobbes Malmesburiensis opera philosophica quae latine scripsit omnia, W. Molesworth (엮음), 전5권, London 1839–1845 (재판 1962).
EW	The English Works of Thomas Hobbes of Malmesbury, W. Molesworth (엮음), 전11권, London 1839–1845 (재판 1962).
De Homine	Thomas Hobbes 저 [독역: Vom Menschen–Vom Bürger, G. Gawlick (엮음), Hamburg 1977].
De Cive	Thomas Hobbes 저 [독역: Vom Menschen–Vom Bürger, G. Gawlick (엮음), Hamburg 1977].
De Corpore	Thomas Hobbes 저 (독역: Vom Körper, Hamburg 1967).
Naturrecht	Thomas Hobbes 저 [독역: Naturrecht und allgemeines Staatsrecht in den Anfangsgründen, Ferdinand Tönnies (해설), Darmstadt 1976] [원문: Thomas Hobbes, The

Elements of Law Natural and Politic (1640), F. Tönnies (엮음), Cambridge 1928].

Leviathan Thomas Hobbes 저 [독역: Leviathan oder Stoff, Form und Gewalt eines bürgerlichen und kirchlichen Staates, I. Fetscher (엮음), W. Euchner (번역), Frankfurt/M. 1976].

인용방법

홉스의 저작은 다음과 같은 방식으로 인용되었다: 책 제목은 약어에 이어 장, 절의 순으로 표기했다. 그리고 나서 독역 텍스트의 페이지를 표기했고 권 호수, 라틴어판 또는 영국 Molesworth-판의 페이지를 표기했다. 예를 들어 De Homine 10.5; 20; OL II, 94는 De Homine(인간론), 10장, 5절; Hamburg 독어판 1977년, 20페이지; 영국 Molesworth-판 제2권, 94페이지를 표기한 것이다.

『리바이어던』(*Leviathan*)은 Molesworth-판 대신 Euchner의 뛰어난 번역본에서 인용했다. 이때 첫 번째 숫자는 장을, 두 번째 숫자는 페이지 수를 의미한다.

1. 전집

Thomae Hobbes Malmesburiensis opera philosophica quae latine sripsit omnia. In unum corpus nunc primum collecta et labore

Gulielmi Molesworth, London 1839–45, 5 Bände (Nachdruck Aalen: Scientia 1961; 2. Nachdruck Darmstadt: Scientia 1966).

The Engliah Works of Thomas Hobbes of Malmesbury. Now first collected and edited by Sir William Molesworth, London 1839–45, 11 Bände (Nachdruck Aalen: Scientia 1962; 2. Nachdruck Darmstadt: Scientia 1966).

The Clarendon Edition of the Philosophical Works of Thomas Hobbes, Oxford 1983ff. Bisher liegen vor:

De Cive. The Latin Version entitled in the first edition » Elementorum philosophiae sectio tertia de cive « and in later editions » Elementa philosophica de Cive « A Critical Edition by H. Warrender, Oxford: Clarendon Press, 1983.

De Cive. The English Version entitled in the first edition Philosophicall Rudiments Concerning Government and Society. A Critical Adition by H. Warrender, Oxford: Clarendon Press, 1983.

2. 번역단행본

Thomas Hobbes, Vom Körper, Philosophische Bibliothek Band 157, ausgewählt und übersetzt von Max Frischeisen–Köhler, 2. Aufl., Hamburg 1967.

Thomas Hobbes, Vom Menschen. Vom Bürger, Philosophische Bibliothek Band 158, 2. verbesserte Auflage, Hamburg 1966.

Thomas Hobbes, A Dialogue between a Philosopher and a Student of the Common Laws of England, edited and with an Introduction by J. Cropsey, Chicago – London 1971.

Thomas Hobbes, The Elements of Law, Natural and Politic. Edited with a Preface and Critical Notes by F. Tönnies, 2nd. Edition, with a new Introduction by M. M. Goldsmith, London 1966.

Thomas Hobbes, Naturrecht und allgemeines Staatsrecht in den Anfangsgründen, mit einer Einführung von F. Tönnies, Darmstadt 1976.

Thomas Hobbes, Leviathan oder Stoff, Form und Gewalt eines bürgerlichen und kirchlichen Staates, herausgegeben und eingeleitet von I. Fetscher, übersetzt von W. Euchner, Neuwied – Berlin 1966; mit Nachträgen zur Einleitung und zur Bibliographie Frankfurt/ M. 1984, Suhrkamp Taschenbuch Wissenschaft Bd. 462.

Thomas Hobbes, Leviathan, or The matter, forme and power of a commonwealth, ecclesiasticall and civil, edited with an introduction by Michael Oakeshott, Oxford 1946 (Nachdrucke 1955, 1957).

Thomas Hobbes, Leviathan. Edited with an introduction by C. B. Macpherson, Harmondsworth 1968.

Thomas Hobbes, Man and Citizen. Thomas Hobbes's De Homine and De Cive, edited with an Introduction by Bernhard Gert, Harvester Press 1972.

Thomas Hobbes, Behemoth oder das Lange Parlament. Erstmalig übersetzt von Julius Lips, in: Julius Lips, Die Stellung des Thomas Hobbes zu den politischen Parteien der großen englischen Revolution,

Leipzig 1927 (Nachdruck Darmstadt 1970).

Thomas Hobbes, Behemoth oder Das Lange Parlament, herausgegeben und mit einem Essay von H. Münkler, Fischer Taschenbuch 10083, Frankfurt/M. 1991.

3. 연구보고서

Euchner, W.: Hobbes und kein Ende? Probleme der neueren Hobbes-Forschung, in: Archives européenes de sociologie 12/1971, 89-110.

Weiß, U.: Hobbes' Rationalismus. Aspekte der neueren deutschen Hobbes-Rezeption, in: Philosophisches Jahrbuch der Görres-Gesellschaft 85/1978, 167-196.

Willms, B.: Einige Aspekte der neueren englischen Hobbes-Literatur, in: Der Staat 1/1962, 93-106.

— Von der Vermessung des Leviathan. Aspekte neuerer Hobbes-Literatur, in: Der Staat 6/1967, 75-100.

— Der Weg des Leviathan. Die Hobbes-Forschung von 1968-1978, Beiheft » Der Staat «, Bd. 3, Berlin 1979.

— Tendenzen der gegenwärtigen Hobbes-Forschung, in: Zeitschrift für philosophische Forschung 34/1980, 442-453.

4. 홉스 입문서

Peters, R. S.: Hobbes, Harmondsworth 1956.

Raphael, D. D.: Hobbes. Morals and Politics, London 1977.

Tuck, R.: Hobbes, Oxford 1969.

Willms, B.: Thomas Hobbes. Das Reich des Leviathan, München 1987 (enthält eine gute Bibliographie).

5. 대형저작집

Bermbach, U./Kodalle, K.-M. (Hg.): Furcht und Freiheit. Leviathan-Diskussion 300 Jahre nach Thomas Hobbes, Opladen 1982.

Brown, K. C. (Hg.): Hobbes-Studies, Cambridge/Massachusetts 1965.

Cranston, M./Peters, R. S. (Hg.): Hobbes and Rousseau. A Collection of Critical Essays, Garden City, New York 1972.

Höffe, O. (Hg.): Thomas Hobbes. Anthropologie und Staatsphilosophie, Freiburg/Schweiz 1981.

Rodgers, G. A./Ryan, A. (Hg.): Perspectives on Hobbes, Oxford 1988.

6. 단행본

Bowle, J.: Hobbes and His Critics. A Study in Seventeenth-Century

Constitutionalism, London 1951.

Brandt, F.: Thomas Hobbes' Mechanical Conception of Nature, London 1928.

Fiebig, H.: Erkenntnis und technische Erzeugung. Hobbes' operationale Philosophie der Wissenschaft, Meisenheim 1973.

Förster, W.: Thomas Hobbes und der Puritanismus. Grundlagen und Grundzüge seiner Staatslehre, Berlin 1969.

Gauthier, D. P.: The Logic of Leviathan. The Moral and Political Theory of Thomas Hobbes, Oxford 1969.

Goldsmith, M. M.: Hobbes's Science of Politics, New York 1964.

Goyard-Fabre, S.: Le droit et la loi dans la philosophie de Thomas Hobbes, Paris 1975.

Hampton, J.: Hobbes and the Social Contract Tradition, Oxford 1986.

Hood, F. C.: The Divine Politics of Thomas Hobbes. An Interpretation of Leviathan, Oxford 1964.

Johnston, D.: The Rhetoric of Leviathan. Thomas Hobbes and the Politics of Cultural Transformation, Princeton 1986.

Kavka, G. S.: Hobbesian Moral and Political Theory, Princeton 1986.

Kodalle, K.-M.: Thomas Hobbes. Logik der Herrschatt und Vernunft des Friedens, München 1972.

MacNeilly, F. S.: The Anatomy of Leviathan, London 1968.

Mintz, S. I.: The Hunting of Leviathan Seventeenth Century Reactions to the Materialism and Moral Philosophy of Hobbes, Cambridge 1962.

Oakeshott, M.: Hobbes on Civil Association, Oxford 1975.

Polin, R.: Politique et Philosophie chez Thomas Hobbes, Paris 1953.

– Hobbes: Dieu et les hommes, Paris 1981.

Schelsky, H.: Thomas Hobbes. Eine politische Lehre, Berlin 1981.

Schmitt, C.: Der Leviathan in der Staatslehre des Thomas Hobbes, Köln 1982 (Erstdruck Hamburg 1938).

Spragens, Th. A., jr.: The Politics of Motion. The World of Thomas Hobbes, Lexington 1973.

Strauss, L.: Hobbes' politische Wissenschaft, Berlin 1965.

Tönnies, F.: Thomas Hobbes, Leben und Lehre, Stuttgart – Bad Cannstatt 1971 (1. Aufl. 1896; 3. Aufl. 1925).

Warrender, H.: The Political Philosophy of Hobbes. His Theory of Obligation, Oxford 1957.

Watkins, J. W. N.: Hobbes's System of Ideas, London 1965.

Weiß, U.: Das philosophische System von Thomas Hobbes, Stuttgart – Bad Cannstatt 1980.

Willms, B.: Die Antwort des Leviathan. Thomas Hobbes' politische Theorie, Neuwied – Berlin 1970.

Wolf, F. O.: Die neue Wissenschaft des Thomas Hobbes. Zu den Grundlagen der politischen Philosophie der Neuzeit. Mit Hobbes' Essays, Stuttgart – Bad Cannstatt 1969.

토마스 홉스 연보

1588 4월 5일 영국 Malmesbury 근교 Westport/Wiltshire에서 탄생. 당시 영국은 스페인 무적함대의 위협을 받던 때였고, 최초의 홉스 전기 작가인 존 오브리(John Aubrey, 1626–1697)에 따르면 》홉스의 어머니는 스페인의 침공에 대한 두려움 속에서 출산의 고통을 느꼈다《고 한다. 홉스는 후에 라틴어로 쓴 자신의 자서전에서 어머니가 쌍둥이를 낳았다고 적었는데, 하나는 자신이고 또 하나는 공포심이라고 적었다. 이러한 감각적 문체를 통해 홉스의 철학적 중심테마는 그의 삶의 주제가 되었다. 홉스의 아버지는 가난한 목사로서 교육수준이 높지 않았으며 신학보다 카드게임에 더 재능 있는 사람이었다.

1603 Malmesbury에서 가정교사로부터 고전어 수업을 받은 후 홉스는 부유한 삼촌의 도움으로 Oxford (Magdalen Hall)에서 대학교육을 받았다.

1608 학사학위(Baccalaureu Artium) 취득 일 년 후 홉스는

후에 디본셔(Devonshire) 백작이 된 하드윅(Hardwick) 지방의 카벤디쉬(Cavendish) 남작 집에 고용되었는데, 나중에는 그 아들의 가정교사 및 개인비서가 되었다. 홉스는 평생 동안 카벤디쉬 가문과 긴밀한 관계를 유지하면서 봉사했다. 카벤디쉬 가문을 통해 홉스는 1618년부터 1626년까지 대법관을 지냈으며, 1621년 몰락을 겪은 후 홉스의 철학적 사유에 많은 영향을 끼친 프란시스 베이컨(Francis Bacon, 1561–1626) 및 1624년 『진리론』(*De Veritate*)이라는 유명한 책을 쓴 허버트 폰 체어베리(Herbert von Cherbury)와 같은 과학 및 정치분야에 있어 당대의 유력한 인물들과 교류했다.

하지만 홉스의 저서에 끼친 베이컨의 영향이 과대평가될 필요는 없다. 방법론의 문제에 있어 두 사람은 서로 다른 진영에 속한다. 홉스가 기하학의 규범을 따르는 데 반해 베이컨은 귀납적–일반화 방법론을 추구했다. 그러나 두 사람 모두 가치평가 중심적인 새로운 인식이론 및 과학이론에 커다란 영향을 끼친 것은 분명하다. Scientia propter potentiam, 즉 권력에 기여하는 과학이라는 베이컨의 유명한 명제는 홉스 철학 전체를 관통하는 모토로서 그 중요성이 베이컨에 있어서보다 더 강조되었다고 해도 과언이 아닐 것이다.

1610 홉스는 당시 젊은 귀족자제들에게 필수적이던 장기

간의 수학여행에 제자들을 동행해 프랑스, 독일, 이탈리아를 여행했다. 이 여행은 3년 이상 계속되었다.

1628 제2대 디본셔 백작이 사망한 후 홉스는 스코틀랜드의 귀족 게르바시 클리프턴(Gervase Clifton) 경(卿)의 아들을 동행해 유럽대륙을 여행했다. 이즈음 홉스는 본격적으로 수학과 과학의 문제, 특히 유클리드의 이론을 공부하기 시작했으며, 기하학에 대한 그의 애정도 이때 형성되었다. 그러나 기하학에 대한 그의 애정은 놀랍게도 기하학 본래의 영역이 아닌 정치철학의 영역에서 전혀 예상하지 않았던 뜻밖의 열매를 맺었다. 불행히도 홉스는 기하학과 수학에 대한 미련을 버리지 못하고 계속 도전을 거듭했다. 수학적 재능이 없었음에도 그는 수많은 수학관련 논문을 발표했고 서로 모순되는 학술적 논쟁을 느닷없이 제기하기도 했는데, 그럴 때마다 홉스는 남들의 웃음거리가 되곤 했다. 수학의 역사는 홉스가 관여한 연구를 '기이함'이라는 표현으로 통칭한다.

1634 제3대 젊은 디본셔 백작의 개인교사로서 1631년부터 다시 카벤디쉬 가문에 들어가 일하기 시작했다. 이 젊은 백작의 거의 3년에 걸친 대륙 여행에 동행하여 파리에서 약 2년 동안 함께 지냈다. 이때 홉스는 메르센(Abbé Marin Mersenne, 1588−1648)을 중심으로 하는 학자그룹에 참여했다. 여기에서 그는 가썽디(Petrus Gassendi, 1592−1655)와 데카르트(René Descartes,

1596–1650)를 만났으며, 1636년에는 이탈리아 피렌체에 있는 갈릴레이(Galilei, 1569– 1642)와 긴밀한 유대관계를 맺었다.

1640 자연법과 정치의 기초 이론(Elements of Law Natural and Politic)을 완성. 정치철학에 관한 홉스 최초의 이 저서에 이미 절대주의 요소가 강하게 나타난다. 홉스는 영국 의회의 박해를 두려워한 나머지 파리로 피신했다.

1642 영국에서 시민전쟁 발발(1642–1647). 파리에서 『시민론』(*De Cive*)을 자비로 출판했다.

1646 파리 망명기간에 홉스는 후에 영국의 카를(Karl) 2세 국왕이 된, 카를 1세의 아들의 수학교사로 일했다.

1649 카를 1세가 처형당하고 영국은 공화국이 되었다. 카를 2세는 왕실을 스코틀랜드로 옮겨 유지했다.

1651 『리바이어던』(*Leviathan*)과 『시민론』(*De Cive*)의 영어 번역판이 런던에서 출판되었다. 파리에 있는 카를 2세 국왕의 신봉자들로부터 추방당할지 모른다는 망상에 사로잡혔다. 국왕을 접견하고자 했지만 거부당하자 영국으로 돌아와 공화국 추밀원에 헌신했다. 1652년부터 다시 디본셔 백작의 영지인 Derbyshire에서 살기 시작했다. 이어지는 몇 년 동안 신학적 논쟁이 활발했으며, 신학자들은 리바이어던에 대해 선전포고를 했다. 홉스의 무신론이 계속해서 공격의 대상이 되었다.

1655 홉스 철학의 기초를 최초로 체계적으로 정리한 『물체론』(*De Corpore*)이 출판되었다. 존 브램홀(John Bramhall) 대주교와 사상의 자유에 대해 격론을 벌였다. 수학자인 월리스(Wallis)와는 기하학의 기본 문제들 및 대수를 기하학에 적용하는 문제 그리고 수학의 여러 가지 난제들에 대해 토론을 벌였는데, 홉스는 예를 들면 구적법(求積法)의 가능성을 긍정하는 입장이었다.

1658 인간론(De Homine) 발표. 크롬웰(Cromwell) 사망.

1660 스튜어트 왕조의 재집권. 다시 카를 2세 국왕과 교류하기 시작했다. 브램홀 및 월리스와 논쟁이 계속 이어졌으며, 자연법과 신학 분야에서도 반홉스주의자들의 활동이 활발해져 안티-홉스 저서들이 쏟아지기 시작했다.

1666 홉스의 》무신론자들《에 대한 영국 의회의 조사가 이루어짐.

1668 비히모스(Behemoth)에 대한 출판허가를 거부당함. 암스테르담에서 리바이어던의 라틴어 번역판과 더불어 *Opera philosophica quae latine scripsit, omnia*가 출판됨.

1671 월리스와 계속해서 논쟁 서신을 주고받음. 이것은 해를 넘겨서도 계속됨.

1672 푸펜도르프(Pufendorf)가 근대 자연법 문헌의 모범서인 *De Jure Naturae et Gentium*을 발표. 이 책은 물론 철저하게 홉스 비판적이지만 홉스에게 적지 않은 영향

을 주었다.

1679 12월 4일 Hardwick/Derbyshire에서 생을 마침.

1683 옥스퍼드 대학이 홉스의 정치철학 저서들을 심판하고 불태워 버림.

원저자_ **볼프강 케스팅**(Wolfgang Kersting)

1946년 독일 오스나브뤽(Osnabrück) 출생. 괴팅엔(Göttingen)대학 및 하노버(Hannover)대학에서 철학과 역사 및 독문학 전공. 1974년에 철학박사, 1982년에는 교수자격 논문시험을 마침. 현재 독일 킬(Kiel)대학 철학교수. 저서로는 『정돈된 자유–임마누엘 칸트의 법철학 및 국가철학』(*Wohlgeordnete Freiheit. Immanuel Kants Rechts–und Staatsphilosophie,* 1984); 『니콜로 마키아벨리』(*Niccolò Machiavelli,* 1988); 『현대 정치철학의 입장들 : 롤스, 노직, 뷰캐넌, 하버마스, 회페』, 전3권(*Positionen der politischen Philosophie der Gegenwart: Rawls, Nozick, Buchanan, Habermas, Höffe,* 3 Teile, 1989); 그밖에 실천철학 및 인식론에 대한 다수의 논문이 있으며, 철학사전 및 용어집에 다수의 논문 발표.

번역자_ **전지선**

고려대학교 문과대 독어독문과 및 대학원 졸업. 독일 부퍼탈(Wuppertal)대학 독어학 박사.

현재 고려대, 독일문화원(Goethe–Institut) 강사.

홉스 •••

초판1쇄 / 2006년 3월 30일

지은이 **볼프강 케스팅**
옮긴이 **전지선**
펴낸이 **여국동**
펴낸곳 **도서출판 인간사랑**
인 쇄 **백왕인쇄**
제 본 **은정제책사**

출판등록 1983. 1. 26. / 제일–3호

(411–815) **경기도 고양시 일산구 백석동** 1178–1
TEL (031)901–8144, 907–2003
FAX (031)905–5815
e-mail/igsr@Yahoo.co.kr
e-mail/igsr@Naver.com

정가 15,000원

ISBN 89–7418–607– 1 93100

※ 잘못된 책은 교환해 드립니다.